有些事，這些年我才懂

小野的人生思考

最赤裸深刻的生命省思！小野生涯巔峰之作！
七個人生問答題，勾引出那些難以言盡的人間溫情世故……

小野──著

〈自序〉
七個問答題的人生考卷

下課鈴聲終於響起，我起身繳出了這張寫了很久的考卷。這是一張關於「人生」的考卷，上面有七個問答題。不是是非題，也沒有選擇題，所以我無法預知這次考試的分數。

我的人生始終被考試所困，最近還常常作考試考壞的噩夢。或許我從小就被過度期待，所以患得患失永無寧日，或許我渴望成功太想贏過別人，所以我無法承擔考壞的結果。最近一次的噩夢是參加兩天一夜的聯合考試，第一天考完後住在考場的宿舍裡面，夜裡無風無聲也無人，彷彿世界末日，同學提醒我要去打個卡證明有來考試，我連打了好幾次都沒有見到自己的名字被顯示出來。在一旁的同學警告我說，打一次就好了，名字已經輸入但不會顯示。打兩次以上等於白打，電腦無法判讀。他說：「你完蛋了！你等於沒來考試。」我從這個悲慘的夢境中驚醒過來。我的名字被我自己重複打了幾次後變成了空白？那，我到底是誰？這不正是我剛剛才繳出去的那張考卷上的第一題嗎？

第一題　你是誰？（你認識自己嗎？）

「我是小野。」通常我會對著電話自我介紹。隨著時代漸漸走遠，對方沒有聽懂的機會越來越大。「什麼？小姐？怎麼聽起來很像男生。」不然就是「哦，小葉，你死去哪裡啦，大家都在找你。」或是「你是日本人啊？」於是我很不情願的多加了兩個字：「我是作家小野。」這樣好多了。如果在網路搜尋也是同樣的結果，如果不加上「作家」兩個字，跳出來的會是小野麗莎、小野惠令奈、小野眞弓、小野洋子，如果用圖片來搜索可是更精采了，一堆的性感裸照跳出來。就算加了作家，也有可能跳出「小野不由美」。當初我應該直接用出生時爸爸給我的名字「小埜」當筆名，就不會有這些麻煩了。「埜」是野的古字，在泥土上種兩棵樹變成埜，多麼簡單。「若有一天當我回歸塵土，請在上面種下兩棵樹吧。」我對著身邊的親朋好友這樣說。「難怪你那麼喜歡種樹。原來是你出生時就決定的了。」有人這樣替我解釋。

是的，我指的是死亡。唯有死亡等在路的盡頭，才能顯得出每個人活著的不同意義。人並不是因爲死亡逼近了才會去想死亡，人在很小的時候就會知覺到生命是會消逝的，通常那就是長大成熟的開始，也是自覺的起點。我從出生後就哭個不停，媽媽要斷奶也哭，下課媽媽沒來接我也哭，小三輪車被姊姊碰了也哭，媽媽說我因爲常常大聲的哭，「哭得連睪丸都縮進去了，還得去找醫生幫忙拉出來。」

愛大聲哭的孩子很不快樂嗎？我能確定的是，我有一個很不快樂的爸爸，他的不安、恐懼、悲傷和憤怒深深感染著我們一家人，但是他是自覺的，他知道不可以將這些情緒影響孩子，所以他也常常努力營造著某種積極、樂觀、向上的家庭氛圍，但是在同一個屋簷下，誰都無法掩飾自己內心眞實的情緒。媽媽是個隨遇而安的奇女子，如果不是她這樣包容、達觀、慈悲、智慧的個性，是無法忍受爸爸那種不停釋放出來的悲情和絕望的。我們常常覺得媽媽的存在，只是爸爸的影子，無聲無息，卻從沒放棄過她對家人的愛。

媽媽離開人世三年了，就在她離開我的那一刻起，她的存在感覺越來越清楚而強大，原來，她早已化成了我的骨肉，我從那一刻開始認識了自己，故事就從媽媽的告別式說起吧。我唯有努力擺脫自己所創造的那個被稱爲作家小野的身段，才會找到原來的自己，這是我這些年才懂的事。

第二題　人爲何而活？（找到你的信仰了嗎？）

「大多數人是不知道自己爲何而活的，甚至於也不知道自己要什麼。他們等著別人來指點迷津。」我的朋友楊德昌導演生前最常這樣說：「所以我們要拍電影給他們看，讓他們知道，每天都是全新的一天，有著各式各樣的可能，作出自己的選擇，找到自己相信的東西，勇敢活下去。」

有個在少女時代從烏克蘭逃到德國的翻譯家，花了大半輩子的力氣把杜思妥也夫斯基五本厚厚的小說翻譯成德文，我在《一個女人和五本大象》的紀錄片中看到她駝著背還在燈下繼續翻譯著書，不假他人之手，自己煮著晚餐。我看著她已經彎成一個「問號」的老邁身軀，想她的人生應該沒有「問題」了吧。紀錄片《漫步音樂園》記錄瑞士的視障音樂家走訪各地去收集各種音樂和聲音，將人的感官、記憶、心靈和身體重新組合後，協助身心障礙的孩子們建立對外溝通的能力。音樂家把自己活得像一個直挺挺的「驚嘆號」！我羨慕那種很清楚自己的人生要做什麼的人，更敬佩自己人生有殘缺，卻願意窮其一生去幫助弱勢群體的人。我在生命中遇到過一些非常特立獨行的人，他們的故事讓我同樣的震撼和感動，他們都能堅持自己想做的事情，毫不猶豫往前衝。

我曾經有過許許多多的夢想，但是我更想要成功，我常在夢想和現實中擺盪著。在一次又一次的失敗後，我告訴自己不要爲世俗定義的「成功」而活，要爲自己眞正相信的眞理而活。不要只想當個出鋒頭的英雄，要學習當個配角，一個傾聽者，積極追隨許多前行者完成夢想，也積極幫助需要幫助的年輕人實現理想。我的故事將從我的失敗經驗開始。當我能完全臣服於自己的失敗，洞穿了自己的脆弱和不足之後，反而成爲一個完整可愛的平凡普通人。這是這些年我越來越清楚的事情。

第三題　誰是你靈魂的主宰？（誰影響你最深？）

如果生命是一條長長的河流，那麼我的生命是一條被稱爲「和平」的河。我的童年和青少年時期住在和平西路二段，靠近植物園側門的一處「三不管地帶」，是注定在後來的都市計畫被鏟除的臨時建築。

十九歲那年，大學聯考放榜後，我跨過了一條界線，來到了和平東路一段旁的國立台灣師範大學，開始我學習生物科學的歲月。雖然後來我從事的工作和生物科學無關，

但是這四年密集的生物課程和各種實驗，引爆我體內巨大的能量，我帶著這樣的能量和對世界的看法，闖進和生物科學完全不同的領域，雖然有點格格不入，但是就是這種「格格不入」讓我替自己開出了一條和傳統不一樣的道路。直到有一天當我離開了電影和電視的工作後，朋友見到我的第一句話都說：「你怎麼看都還像是個大學剛畢業的學生，不像是蹚過電影或是電視的人。」

是啊。當年我去中央電影公司上班時所帶的筆記本是師範大學實驗用的筆記本，我在筆記本上寫著：「白鴿計畫」，「白鴿」代表的是清純、勇敢、飛翔。我還在筆記本上畫了一隻像是待宰的跛腳鴨子，當然事後被解釋成「像火焰般燃燒」的青鳥。白鴿計畫發展出後來的「台灣新電影浪潮」，我在這個關鍵時刻遇到了許多天才型的編導，我深深受到他們的影響。

所有理想的源頭，都來自那四年的大學生活和學習，我也在那個年輕飛揚的學生時代成爲「作家小野」。我們這一屆的師大生物系同學最常開同學會，在同學會上我經常說著當年的笑話，像我們的合唱團，我們的籃球隊，我們畢業時出版的班刊「小蝌蚪」，還有彼此的愛情和友情，故事就從這裡開始。我會成爲一個像春蠶吐絲般的作家，是因爲我大學時選擇了單純、理性的生物系，雖然後來我放棄了在生物的領域繼續深造，但成爲作家的路就是要這樣繞一大圈才能徹底走出來的。這道理我完全懂了。

第四題　如何與大自然愉快相處？

雖然我從事和生物科學相關的研究和教學工作時間不很長，但是卻常常會有一些銘刻在靈魂深處的東西讓我魂牽夢縈，我會很自然的走向海洋或是森林裡。我常常想起和同學們在黑夜的森林裡搭著帳篷，掛起白布幔點著燈來吸引夜間的昆蟲，尤其是大量的蛾。如果在森林的帳篷裡醒過來，發現窗戶上全是沒有離開的蛾，我就會想起很詩意的句子：「我的夢就像是停在窗前的皇蛾，瞪著兩個假眼看著我。」

或許我最後選擇了創作當成是一輩子的志業，是因爲我在大自然中看到了無窮無盡的詩意。我走進大自然把自己想像成樹蛙、寬腹螳螂，我就會和牠們在大自然中相遇，牠們也會教導我一些生活在水泥叢林裡無法體驗的感覺。

我走在一條植著山櫻花的「手作步道」上，這條步道是由許多志工們配合政府相關單位，用智慧和勞力合力完成的，他們阻擋了水泥道路的入侵，讓步道四周的動植物共存共榮。人類的生命源自於大自然，所有人類所創造出來的東西，在大自然裡都可以找到解釋，這樣的信念我越來越堅定。

第五題　你願意與誰同行？

因爲工作的關係，我接觸過不少世俗定義的「大人物」或是「名人」。曾經聽過一個赫赫有名的大人物，以本身的經驗教導另一位剛躋身爲大人物的人說：「建立人脈是很簡單的事情，只要找到某個領域的關鍵人物和他認識，就可以拉出一脫拉庫的人，找到幾個關鍵人物後，很快就建立了網狀的人脈。」還有一個企業家告訴我說，他從來不會丟掉任何一張名片，並且還會在名片後面寫著這個人的特徵樣貌：「我不會放過任何一個可能的人和機會。」他們都很容易成爲一個成功者。有些父母苦心積慮的送孩子去讀貴族學校的理由，也是替孩子將來的人脈打點基礎。他們的行爲和想法我可以理解，但是我不喜歡現代人經營那種有目的、功利性的人際關係，那叫做「公關」，是虛假的，是經不起考驗的。

那麼，就從一封陌生的小學生的來信說起吧。我曾經對於每天不斷出現在信箱對我有所要求的信件感到煩躁不安，可是當我用愉悅的心情去面對時，才知道這是多麼美好的事。原來我可以輕易讓對方感到滿足和快樂。就算是婉拒也可以是那麼心平氣和。

第六題　人爲什麼痛苦？

人的痛苦是如何產生的？爲什麼生命中經常會有歉疚和哀傷，從很微小到極巨大，到不可承受？這個問題要去問德國哲學家叔本華，我高中時代的最愛。

悲觀厭世的天才哲學家叔本華不相信人類會有眞正永恆的快樂，他覺得人類永遠會被痛苦折磨著，因爲人類有旺盛的生命力，會不斷產生意志力和無窮的欲望，當這些意志力和欲望沒有得到滿足時就會痛苦；就算暫時滿足了，很快又會有新的意志力和欲望，然後又會陷入無止盡的痛苦中。但是痛苦對於想要創作的人不是件壞事，往往最好的作品都是在巨大的痛苦後產生。所以我的初中老師朱永成介紹我看《貝多芬傳》。我終於相信人生的痛苦是無時無刻不在，也無所不在的。人要學習的是對痛苦的承受能力。

我的高中時代過得非常自卑而痛苦，所有的欲望都被壓制，尊嚴也常受到無情的踐踏。於是我參加了長跑比賽和歌唱比賽，我要鍛鍊另一種能繼續忍受痛苦的意志力，以免被痛苦和恐懼給吞沒。如果師範大學的學習和生活是天堂，那麼我的高中夜間部的生活無疑是地獄。而我和地獄共存了三年。

人生歷經不同的痛苦煎熬後，我終於了解，學習如何化解痛苦，還不如練習用一種自我解嘲的幽默方式，慢慢將痛苦吞食，或許在某一瞬間，還會有甘甜的滋味在喉間。

第七題　如何獲得幸福？

這一題應該是前面六題的總結。獲得幸福的步驟就是要先認識自己，接受眞實的自己，進而喜愛自己。然後就會知道自己要什麼？爲何而活？進而找到自己的信仰，也找到自己靈魂的主宰。這時候的你，已經可以和這個世界愉快的相處，從大自然裡得到快樂和寧靜，和身邊遇到的任何人都能和平相處、相互尊重。最後當你學會了承擔世間的痛苦，幸福將隨時隨處俯拾皆是。

媽媽是個笑口常開的幸福之人。因爲她覺得自己很平庸但很幸運，她總覺得別人都比她聰明，所以她發自內心的欣賞別人，讚美別人，也常給別人溫暖和方便。我幾乎沒聽過她怨天怨地怨別人，她也不會怨自己，所以她是一個完全能接受自己的人。我的二姊最像媽媽，我問起她關於幸福的感覺，她燦爛的笑起來說：「我常常感到幸福。看到窗外綠意盎然，感到陽光曬在身上，有體力爬山，兒子弄一桌飯菜，替我鋪好被單，衣服洗好被曬起來，看一本好書，聽一場講道，親友們的問候和體貼，和家人聊天或回憶。」

幸福就是這樣隨手可得的。每個人每天每時每刻都有可能體驗到幸福，除非你是一個非常頑強又自以爲是的人，把幸福當成是不能回收的垃圾，隨手丟棄，讓垃圾筒裡堆滿了你丟棄的幸福，兀自嘆息。

人生不是是非題，沒有絕對的對錯、是非和黑白。人生的許多問題往往是相對的，常常是一體的兩面。人生也不會是選擇題，不因爲你每次都作了正確完美的選擇，而有了正確完美的人生。每個人的人生都不盡相同，所以正確的人生其實是不存在的。人生是環環相扣的問答題，就像這本書所提出的七個大哉問，我在書中說著一個又一個的故事，不斷追尋探求著自己的人生答案，也想幫助你去尋找自己的人生答案。

人生的答案只有透過一次又一次的回答，才能撥雲見日，越來越明朗。你越早去面對和思考這些問題，越不會讓自己像一球被弄亂的毛線球，理不出頭緒來，也不會繞了許多冤枉的路，最後被亂了的毛線球綑綁住自己，無法繼續前進。

朋友常常覺得我的人生很順遂，甚至還覺得有點傳奇。其實我的人生被動而沒有規畫，還甚至有點失控。我凡事不強求，但卻願意逆勢而上盡力而爲，這是我的生存之道。有些事，這些年我才懂。我把它寫出來，希望我的讀者能比我早一點懂。

目錄

輯一 你是誰？

我媽媽眞是一個非常特別的人，她的天眞傻氣直接豁達，才像個沒長大的小孩子，我們才敢在她告別式這樣沒大沒小的。這是我們最幸福的地方。可是也因爲媽媽的離去，我才漸漸看清楚許多事情的眞相。

輯二

找到你的信仰了嗎？

如果要用很簡單的幾個字來形容自己的人生，我想到「失敗」這兩個字。

十六歲那年，我從第一志願的初中畢業後，考上了第六志願的成功中學夜間部，在爸爸心目中，這是一次「無可挽回」的失敗，他跪在我面前痛哭失聲……

輯三

誰是你靈魂的主宰？

我遇到鳳飛飛的時候，她已經成了母親，和年輕時候的清純可愛俏皮比起來，多了一種慈愛、溫柔和堅毅。或許是因為對同時代人的了解，我總是會看到她比較隱藏、壓抑、倔強的內心世界，就像此時此刻她所作的決定一樣。

輯四 如何與大自然愉快相處？

「眞是了不起。」我由衷的讚美著。我親眼目睹小男孩的父母親在工程結束後，帶著小男孩在昏黃的燈光下，將所有沾滿爛泥的工具一件件慢慢洗乾淨。我默默的看著這一家人，內心燃起無限的敬意。這，才是眞正的教育。

輯五 你願意與誰同行？

我拿起相機拍下這一瞬間的寧靜時刻，三個老朋友在後台各做各的，等著上場表演，這是多麼幸福的事情。我想起金士傑在蘭陵劇坊三十週年的公演會上，說的那句經典開場白：「我們就這樣一起老去，好屌。」

輯六 人為什麼痛苦？

我不會忘記十八歲讀高中時的那場三千公尺比賽，我演出的逆轉勝。尤其是藍色背心上印著「夜間部」的字樣，像是一種羞恥和痛苦的印記，一種「次等的」「失敗者」的符號。我心裡明白，我會贏得最後勝利，因為我是有備而來。

輯七 如何獲得幸福？

「其實，老李，你在初中得到許多老師滿滿的愛，你很幸福，我一直很羨慕你。」

是啊，雖然曾經有老師羞辱過我，但是疼愛我的老師更多，他們簡直將我當「稀世珍寶」一般的疼愛，我怎麼只記得那些不算什麼的羞辱呢。

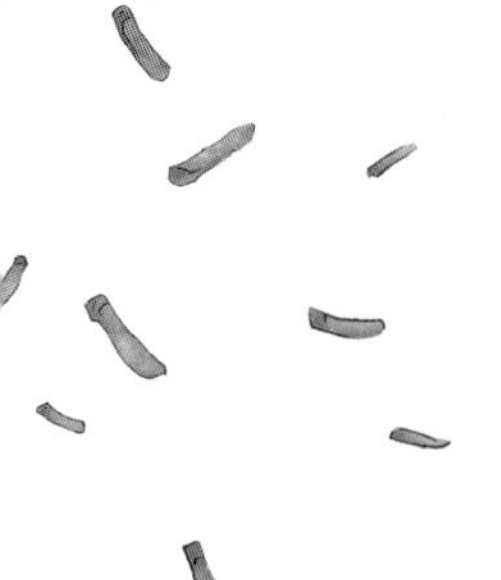

輯一　你是誰？

我媽媽眞是一個非常特別的人，她的天眞傻氣直接豁達，才像個沒長大的小孩子，我們才敢在她告別式這樣沒大沒小的。這是我們最幸福的地方。

可是也因爲媽媽的離去，我才漸漸看清楚許多事情的眞相。

斷奶後，認識自己的開始

告別式上兄弟爭寵

在媽媽的告別式上，我和從美國南方沼澤地趕回來的弟弟近人，當著許多親朋好友的面前竟然說起媽媽生前的一些笑話，引來全場哄堂大笑。我是這樣開始說故事的。

媽媽因爲我的關係接受了一本財經雜誌的訪談，而且還上了封面。當記者要她談和我之間的小故事時，她說想不起來，反倒是得意洋洋的說起我的姊姊和弟弟妹妹來。她說起那個在政府經濟部門當小主管的經濟學家姊姊時口沫橫飛，說她多麼能幹，替每一任的主任委員寫立法院的答詢稿，平日寫報告稿費還很高，出國還能坐商務艙報帳。（媽媽似乎忘記寫文章賺稿費和版稅才是我的強項！偏偏，媽媽就是不屑說。）

說起我弟弟近人那就更不得了，在美國名校拿了博士學位後，被台灣五所國立私立大學爭相延攬，甚至有一所大學把支票都寄過去表示誠意。媽媽眉飛色舞的說：「後來我兒子還是忍痛留在美國教書，原因是因爲我兒子長得實在太帥了，怕留在台灣招蜂引蝶的，台灣的女學生太主動熱情啦！我兒子眞的很帥。又高又帥。眞的！」（記者只好跟著笑，但是也一直暗示她說，這次訪問是要談那個留在台灣發展，比較沒那麼帥的另一個叫做「小野」的那個大兒子。）記者只好直接問了。媽媽不開口還好，一開口就是：「他啊，去美國讀書沒讀完就回來。他比較在乎錢……」我差點脫口而出一個字：「蠢。」但是更多的委屈瞬間湧了出來。自以爲最孝順父母最照顧手足的我，不知道要如何阻止媽媽說下去。還好這本雜誌的名字就叫「錢」，不然誤會可大了。

媽媽繼續說著我的壞話：「就像他的名字一樣，從小就很野很壞很霸道。他愛吸我的奶，明明都長了牙齒，還是要吸我的奶，吸得我好痛……我乾脆把兩個奶子塗上紅藥水和紫藥水嚇他，他不怕，後來我不讓他吸了他就大哭，差點還咬斷了我的奶頭……這孩子從小就這樣……壞！小三輪車自己騎夠了，放在角落還不准兩個姊姊騎……姊姊騎上去他就大哭大鬧……幼稚園下課接晚了也大哭。同學都叫他愛哭十！」

「可是他現在寫了那麼多的書，也拍了那麼多電影……你覺得他……」

「他就是運氣好。我想是他天上的祖母保佑的。」媽媽淡淡的說。我立刻插嘴說：「其實我媽媽也曾經在幾家報紙寫過專欄，用過許多不同的筆名。她運氣不好，沒人找她出版書。我媽還很會講故事，我可能遺傳到我媽媽。」

我想討好媽媽，希望她說點我的好話，可是她繼續說她的其他孩子：「我的小女兒從小讀書都是第一名，那年考初中全台北市第五名……差榜首零點五分……現在是大學系主任……我的二女兒啊，澳洲分公司總經理，從小漂亮惹人愛，很多人向我要回去當女兒呢。」

最後媽媽提供給雜誌社的照片，全都是媽媽抱著白白胖胖大眼睛烏溜溜輪轉的弟弟近人的照片，雜誌上都註記著「小野的童年」。我正式向媽媽抗議，她無奈的說：「我找不到你小時候的照片啊，我更沒有抱你的照片啊。那時候孩子多也搞不清楚，用弟弟的你也不吃虧。」

是的，不吃虧，我還眞的接到雜誌社編輯打電話來讚美我說：「沒想到你小時候那麼可愛呀？」於是我開始懷疑媽媽根本沒抱過我，媽媽回答說：「是啊，大部分時間我都是用揹的，揹著你洗衣服，揹著你燒飯燒菜，揹著你去買菜……你沒看我的背都駝了，孩子那麼多，你要我怎樣呢？」

在告別式上我和弟弟近人就這樣一搭一檔的說著這些加油添醋的笑話。事後遇到我的朋友們都說，你們這個家族眞的是很特別，讓親友們在原本應該悲傷的場合哭笑不得。我說：「因爲我媽媽眞是一個非常特別的人，她的天眞傻氣直接豁達，才像個沒長大的小孩子，我們才敢在她告別式這樣沒大沒小的。這是我們最幸福的地方。」

可是也因爲媽媽的離去，我才漸漸看清楚許多事情的眞相。

媽媽我想向你撒嬌

我曾經自認爲非常孝順父母，友愛兄弟。我認爲自己考上公費的師大後再也不用花父母的錢是件孝順的事，我還同時當了三個家教，也是把錢交給媽媽當家用。大學畢業後，「運氣很好」的成了收入不錯的作家和電影編劇，我除了每個月固定將一筆從報社寄來的薪資原封不動轉寄給父母外，也替弟弟張羅結婚和出國留學的費用，替姊姊張羅買第一棟房子的錢，對於錢財，我毫不吝嗇。直到爸爸和媽媽相繼離開人間後，我才回想起自己從結婚生子闖蕩事業後，其實很疏於和父母親甚至姊妹們來往，我簡直就是個工作狂，以自己的事業爲中心的向前衝，照顧和問候的事情全都藉由金錢來解決。

弟弟雖然生活工作遠在美國的南方，但是他的家書可是數十年如一日的沒有間斷過，爸爸的桌上疊堆著弟弟寄來的厚厚的信箋，裡面塡寫著密密麻麻的生活點滴，弟弟寫得全是報喜不報憂的豐功偉業，包括他如何努力工作贏得外籍長官的賞識，如何用優秀表現擊敗來自各國的高手，贏得永久教授的地位和最高的學術榮譽。他也不忘吹捧自己如何堅強，當孩子發高燒妻子嚇得痛哭時，他如何一手抱著孩子，一手握著方向盤，在大雪中衝出去找醫生。爸爸總是用紅筆在這些字裡行間眉批著：「眞是我的好兒子，眞有乃父之風！」「虎父無犬子，眞是有道理！」「眞是有種！有志氣！有骨氣！不愧

李家好男兒！」寂寞的時候，爸爸就戴起老花眼鏡，拿出這些信來讀給媽媽聽，往往讀得涕泗縱橫。媽媽也會讚嘆說：「這孩子眞是太不容易了。小時候就特別乖，會陪著我吃大家不吃的舊菜舊飯，替我打掃，他說怕我太累了。眞是溫柔懂事啊。」

最近大姊和我走在媽媽住過的房子附近，她就會滔滔不絕的訴說著她們母女如何的情深：「沒事的時候，我就常常陪著媽媽在這個公園散步曬太陽，有時候就曬一整個早上，喝著熱茶，吃著花生，聊著許許多多重複說過的回憶。好幸福啊。」

「誰比較幸福？」我每次都故意這樣問，有點吃醋的味道。經濟學家的大姊笑得很開朗，說：「當然是一樣幸福。我告訴你啊，從前我上班的地點和爸媽家很近，我每天中午休息時間就溜到爸媽家和他們一起吃午飯，我都會帶最好吃的東西去給他們吃。然後啊，我就躺在床上告訴媽媽我在辦公室發生的大小事情……媽媽是一個最好的聽眾。」

「還有聽你罵人。」我故意這樣說，我知道媽媽是她的垃圾桶。

她大笑說：「不管我罵了誰，媽媽一定會跟著我罵說，簡直混帳！簡直壞透了！我不用去找心理醫生，媽媽是我最好的醫生。我告訴你啊，我只要看到有好的衣服褲子棉被被單，我買一件媽媽也會有一件，我們常常穿母女裝。哈哈……」

爸爸走後，二姊不放心媽媽一個人獨居在公家宿舍裡，毅然決定要將媽媽接出來同住，她一個人獨自承擔了媽媽生命中最後十年的照顧。二姊為了學習如何照顧老人，還特別去一個照顧老人的公益團體當義工，一方面照顧別的老人，一方面把那一套遊戲帶回家裡和媽媽玩。從小五音不全的二姊也加入了一個唱老歌的合唱團，學會了那些老歌以後，回到家裡唱給媽媽聽。曾經因爲在外商公司當總經理，日夜忙著談生意的二姊很早就退休了，她說過去因爲自己忙於事業，疏於和父母噓寒問暖，她願意在媽媽最需要照顧時付出全部。我終於明白，當年媽媽在接受記者訪問時說不出太多和我互動的原因了，因爲斷奶後，我早就飛得無影又無蹤了。我腦子想的都是我自己。和姊姊弟弟比起來，我才是個大不孝的孩子啊！

媽媽走後，我又獨自霸占著媽媽睡了十年的木板床、小桌子和大藤椅，就像媽媽說我小時候霸占著那輛三輪車，自己騎累了放在角落還不准別人碰一樣。我就是這樣霸道。我怪小時候媽媽很少抱我，都只是用「揹」的，難怪木板床那麼硬邦邦的，硬得像媽媽瘦削的背脊那樣。我要天天躺在她睡過的木板床上，蓋著厚厚的棉被，用手掌輕輕撫摸著枕頭和墊被，緩緩細細嗅聞著媽媽長期留在床頭的髮香，和天天擦臉和手的護手膏的味道，我感覺自己被媽媽緊緊擁在懷裡，緊緊的摟著，我甚至還可以觸碰到媽媽那對差點被我咬斷奶頭的乳房。

每當我想賴床的時候，就輕輕的和媽媽撒嬌說：「再讓我躺在妳的懷裡一下下，OK？」媽媽會笑著像個頑童般說：「OK！壞孩子！」

作家的條件

我為什麼會成為一個創作大半輩子的作家？連我自己都不完全明白。直到那一天我讀到了秘魯作家尤薩的那本書《胡莉亞姨媽與作家》。書上的文案有這樣一小段話：「因為不幸福，我才寫作。從根本上說，是因為寫作是一種與不幸鬥爭的方式。」我忽然有點懂了。

是啊，一個幸福的人從根本上是不會想要無休無止創作的，而那些在作品中不斷提醒讀者要幸福快樂的人，大多是緣自於他本身曾經有過的不幸遭遇；而那些不停書寫著悲傷情節的作家，也只不過是找到了一個向廣大讀者進行著自己需要的心理治療罷了。那就從我大學時代開始進行創作的那個苦悶又不幸的時代說起吧。

在上個世紀那個有點荒蕪荒涼荒謬的七〇年代，我在碰了很多釘子後找到一家印刷公司，勉強出版了我的第一本書小說集《蛹之生》，非常意外的成了當時最暢銷的書之一。為了這本書，我寫過很多很多次的序，多到連自己都記不得寫過幾篇了。如果能將這些「序」集結起來，或許又可以再出版另一本書，書名就叫做「蛹之生的序」。我為什麼那麼愛替這本書寫序呢？這和我後來的人生發展完全不在我的意料和規畫中有關。

我大學讀的是一所公費的專門培養中學師資的國立台灣師範大學，那是一所在當時很難考進去的名校，同班同學裡有一半以上的人聯考分數都可以去讀醫科當醫生，但是因為家裡窮或是其他原因，反而將志願填了這所大學的「生物系」，我就是其中之一。讀高中的時候我就很想當一名科學家，當時學校裡有個專門研究蝴蝶的生物老師陳維壽在學校建了一間全台灣最早的昆蟲館，我去向他請教關於蝴蝶的知識，臨走前他送了我一個蝴蝶的蛹，要我觀察牠羽化的過程，我親眼見到這個蛹後來羽化成為台灣特有種的黃裳鳳蝶，黑底黃邊，有著非常高貴豔麗的色澤。對我而言，那是我對生命的奧秘好奇的起點。

進了大學後，我很想成為一個「想像中」的風雲人物，那種長得又高又俊美，成績好運動也棒，有很多女生在後面指指點點，或是會寫情書給我表達愛慕的那種大學生。我家離師範大學很近，從和平西路二段到和平東路一段。我每天騎著一輛在二手店買的舊單車，頭上戴著一頂不怎麼合宜的白色美國西部牛仔帽，一路飆到校門口。我不斷練習著下車的英姿，讓自己像美國西部電影中的荒野大鏢客，是要來這裡行俠仗義剷除惡人的。當然，我會很失望，在單純樸實的實驗室裡沒有惡人可剷除，最多只能殺殺青蛙或是兔子做成標本。女生們曾經偷偷的票選班上最英俊的美男子，前三名裡沒有我，我反而名列最臭屁最愛表現的男生第一名。苦悶啊苦悶，於是，我開始寫作，投稿給報紙副刊，我想在學校無法成爲「想像中的自己」，那就另闢新的戰場吧。

我把想像中的自己幻化成無數個小說中不同的角色，其中有一個就是讀師大生物系的「趙一風」，那正是想像中的我，又高又俊美的風雲人物，加上了蝴蝶的蛹作爲整篇小說的象徵，於是有了《蛹之生》這一系列的小說。這條創作之路奇蹟般的順利，我因爲寫作，眞的很快成了學校的風雲人物，走在校園裡總是有人指指點點的，打籃球時，慕名而來當啦啦隊的女生越來越多，這一切都來得又急又快，我整個人像是騰雲駕霧般的，連走路都不會走了，因爲風雲人物走路有時候會右手右腳同時抬起。

大學畢業後，我去了一所中學實習，也同時出版了《蛹之生》，我寫下了這本書的第一篇序〈是青年，不是作家〉時寫得義憤塡膺，像是要救國救民，捨我其誰的筆調，還放了一張看起來身高有一百八十公分、輪廓很深很俊秀的大頭照。崇拜總是從「錯覺」開始的。果然這本書很快就秒殺般的再版了，出版社老闆建議我火速趕一篇「再版序」，那時候台灣正陷入經濟不景氣的環境，新書再版並不容易。

於是，我又寫了一篇像是「天已大明，曙光出現」，像是要動員全國青年上戰場的誓師宣言。然後三版、四版……老闆總覺得大概就只是這樣了，老是催我繼續寫新的序，來答謝讀者的愛護。

我像上了癮般的寫著序，我好像永遠有說不完的話，我的苦悶果然找到了出口。

今日的我批判昨日的我

當我的第一本小說集《蛹之生》開始熱賣時，我結束實習老師的工作去軍中服預官役，整天都是出操打靶衝鋒陷陣，寫出來的序更是殺氣騰騰的，像是戰事爆發書生著書立說以報效國家，全是英雄的口吻。

我也開始接到許多大專院校的演講邀請，我站在人山人海的大學生前面談著自己的理想和抱負，經常講得熱淚盈眶。當時的我一點都不幽默更不輕鬆，我的眼神充滿了憤怒和傲氣，渾身上下全都是從戰地帶來的煙硝味。我在軍中繼續寫作，我換了一種風格，刻意將小說寫得很嚴肅，出版了第二本小說集《試管蜘蛛》；服完兵役出版了第一本散文集《生煙井》，和《蛹之生》一樣的暢銷。許多年之後，有文學評論家在「冊頁流轉——台灣文學書入門108」中這樣描寫著：「戰後台灣文壇像他這樣：年紀輕出道早，同時被市場充分接受的，確實少見。」

我後來陸續寫的小說集和散文集都交給同樣那家規模很小的印刷公司出版，不是因爲這家公司懂得市場，而是我懶得換出版社，我把心力都放在全力衝刺我的新工作上。我只是拚命的工作，並不在意自己的書是如何設計包裝和銷售。《蛹之生》在十三年之間陸續印了五十三版，還不包括盜印在內。我到底爲《蛹之生》寫了多少序，連自己都忘了。其中有一篇是去陽明醫學院當助教時寫的〈樹的流行〉，是我對自己的書「太過暢銷」的「反省」，有個讀者寫信給我說：「流行有什麼不對；滿山遍野的樹也很流行啊，因爲，你已經將你的名交給了社會和國家……」

這十三年之間，我的人生起了極大的變化，就像我不斷被老闆催促著寫新的《蛹之生》序一樣，我也被命運之神不斷催促著往前衝，不停變換著人生的方向和角色，結婚生子、去美國深造、改行寫電影劇本、去電影公司上班忙著「興風作浪」搞新浪潮，直到終於喘口氣，休息一下。《蛹之生》跟著我的其他小說和散文集換了一家很大的出版社重新發行上市，當然，這回又要寫一篇「全新的序」，我又把「昨日的我」批判了一頓：「事情並不是這樣的」。

我提到一個從小被爸爸送去美國的小留學生長大後成了企業家，他一定要和我見個面了個心願，因爲當年他去美國時，行李箱裡就只有這本書。後來他娶了一個來自中國大陸的導演，兩個人常常討論台灣和中國大陸在生活習慣和價值觀念的不同。他認爲當初台灣政府用戒嚴和反共教育欺騙了我們這一整代的人，他迫切的想讓我認識一個「很不一樣」的新中國，他很神秘的交給我幾捲中國大陸導演的電影作品。我安慰他說，這些年來我因爲接觸和閱讀，早已經和過去的我差很多了，我還在香港偷偷和中國大陸第五代導演碰過面聊過天呢。「那你的書應該去大陸發行的。」那個朋友非常熱切的說，我淡淡的回答說：「一切隨緣吧。我的人生從沒規畫過。」

《蛹之生》出版三十週年時發行了紀念版，我又寫了一篇細說從頭的序〈封面的故事〉，將我這本書重新改版發行過三次、換過四次封面的故事又說一遍，然後將封面換回三十年前第一個由畫家陳庭詩先生爲我畫的封面。這樣，又過了六年，很多學校還是將這本書列爲學生必讀的課外書。

然後，終於等到了這一天，這本在台灣不知道繞了多少圈、進到了多少角落的書，就要在中國大陸發行簡體字版了。「應該爲中國大陸的讀者寫個序吧，一兩千字就好。」從北京傳來的訊息這樣寫著。是啊，一兩千字對過去的我是不多的，爲了這本奇書，我寫過許許多多字的序，但是此時此刻，我忽然啞了，千言萬語，不知要從何說起。

是的，我眞的啞了，我得暫時閉上我的嘴，不再囉嗦，也不再申辯。因爲我幾乎已經不認識自己了。我分不清楚自己是那個想當風雲人物的大學生，還是已經換了一個叫做「小野」的作家，繼續生活在這個世界上？我常常要推翻昔日的自己，可是自己又到底是誰呢？

這眞是天方夜譚呀！

那年秋天我去德國參加一個國際書展，我和一個同行的朋友被安排住到德國法蘭克福火車站旁的旅館，那是一間很高級的旅館，站在門口高大的侍者像是站在皇宮外面的禁衛軍。

到達的時候是凌晨，天還暗暗的。濕濕冷冷的氣候裡有一種說不出的蕭條冷瑟。天亮起來後，可以看到一些宿醉未醒的酒鬼們東倒西歪，喃喃自語著自己倒楣的人生。除了參加一些正式的活動外，我每天都會找時間由旅館走到火車站，除了東張西望地看著行色匆匆的旅客外，就是很想聽著火車站裡面定時傳來的德語廣播，我一點也聽不懂，除了一些地名。那些地名總是會有「Burg」「Hof」，有一種遙遠陌生，卻讓人充滿想像的魅力。還有就是那種從挑高寬廣的火車站大廳傳出來帶著迴聲和共鳴的德語，配著火車進站的聲音讓我久久無法離去，那一瞬間使我想通一件事情，爲什麼小時候聽媽媽說《天方夜譚》的故事時，她的腔調是如此的迷人？從小就從家鄉逃出來歷經滄桑的媽媽，會用一種穩定而平靜的語氣說故事，雖然她會隨著故事情節的變化，時而歡樂時而緊張，但是藏在這些故事後面有一種對人生的了悟，使她在說故事時更能緊緊扣住聽故事的人，小時候沒有察覺，此刻，人在異鄉的火車站，豁然明白。

記憶中的爸爸一直非常不快樂，他常常在辛苦工作之餘借酒澆愁，平常不加班不熬夜的夜晚，他總是會被勾起許多傷春悲秋的情緒而失眠，於是他就會要求媽媽說個故事來聽聽。他總是這樣撒嬌地對媽媽說：「冰啊，我又不快樂了。」於是媽媽的故事就這樣開始了。媽媽說故事的聲音永遠是那麼高亢飽滿、抑揚頓挫，隨著故事的情節起起伏伏充滿了張力，連睡在隔壁兩間小房間裡的五個孩子都聽到了。媽媽的聲音像天眞無邪孩子的歌聲，充滿了歡樂和喜悅，我始終不明白像媽媽這樣經歷過許多悲慘故事的苦命女子，爲什麼說起故事來像是一個對人生充滿了嚮往和憧憬的小孩子？有時還會自顧自的笑開懷。

媽媽的故事眞是古今中外天馬行空無法歸類，除了說得出來源的《聊齋》《今古奇觀》《六朝怪談》外，還有一個重要來源就是《天方夜譚》了。在聽媽媽說《天方夜譚》的故事之前，媽媽的口頭禪就已經是「這眞是天方夜譚呀」。如果我們問媽媽說將來我們會擁有自己的房子嗎？她就會嘆口氣說，這可眞是天方夜譚呀，能天天有米吃就阿彌陀佛了。對了，就是這樣的口氣，「天方夜譚」是一種達不到的夢想，一種認命；「阿彌陀佛」卻是一種感恩，也是一種知足。

所以小時候，我們也就很習慣地接受一些別人家孩子可以做到，對我們卻是「天方夜譚」的事，像是可以和同學去參加學校的旅行，像是可以去學鋼琴學舞蹈，像是可以去補習，或可以偶爾去吃一些高級一點的美食，或是擁有讓自己支配的零用錢之類的事。長大後，我們曾經抱怨我們有許多感官上的欲望和感覺都被貧窮和物質匱乏給壓抑掉了，長大後也會向父母親抗議！

後來年紀更大以後，我才漸漸了解，那個時代貧窮的家庭何其多，比我們家還窮的家庭更是不計其數。我們在童年那段很長很長的日子裡，每個夜晚都能在聽著媽媽說《天方夜譚》的故事中香甜地睡去，夢中還會出現阿里巴巴、辛巴達和阿拉丁，對許多孩子來說才眞的是「天方夜譚」呢！只是我們習以爲常，不覺得珍貴而已。

說故事的精靈

就像《天方夜譚》故事的起源一樣，媽媽用她說不完的故事撫慰了天天失眠的爸爸，也間接地孕育了我們五個天性樂觀的孩子。那不是和一個會說故事的女孩用她說不完的故事，阻止了天天要殺害一個女人的殘酷國王的暴行，撫平了國王痛恨女人的心結，最後也拯救了全國女子一樣嗎？說故事本身的偉大力量在《天方夜譚》中一再出現，故事中有許多危機，也都是因爲一個人說了一個動人的故事，而有了重大的轉折。

媽媽的《天方夜譚》就像定時進站又出站的火車，永不停止隆隆地駛著，她的聲音就像火車站傳來低沉又怪異的廣播，撫慰著進進出出的旅人。爲了讓她的孫子孫女們也能聽到自己親口說的《天方夜譚》，媽媽每天下午一個人躲在書房裡靜靜地錄下了一百捲的故事。記憶中，我的兩個孩子入睡前會先討論一下今天晚上各自要聽哪一捲？哥哥總是會提醒妹妹說：「這一捲很好聽，不過裡面有一些比較恐怖的，還有就是那個那個那個啦，妳還太小，最好以後大一點再聽。」妹妹卻堅持要聽，哥哥越是強調「那個那個」，妹妹就深深被吸引著。

「好吧，別怪我沒警告妳，聽了睡不著別怪我喲。」哥哥說完，總是迫不及待地進屋內聽奶奶最新錄好的故事了。妹妹後來證實哥哥是故意嚇唬她的。

兩個孩子在聽故事前的對話，總讓我想起媽媽說《天方夜譚》時常常用到的情節：「老人一再警告年輕人說，你千萬別打開那一扇門。那一扇門裡面就有我們爲什麼天天哭泣的秘密了。如果你打開了，你也會和我們一樣從此終日以淚洗面。」通常故事中的主角都是禁不住好奇，最後讓悲劇重演。

《天方夜譚》的故事非常世故，充滿人生的警告，財富、名位、權力、女色、欲望轉眼成空，人生就是一場冒險，不確定又危險，但是，刺激得很。我們總是在更老更老的時候想通《天方夜譚》每個故事的警告，後悔莫及。而長大以後我偏離父母心目中安全的航道，做了許多小時候媽媽覺得是「天方夜譚」的事情，想想，或許和童年天天有

《天方夜譚》可聽有關係吧。

孩子們總會有長大的時候，也會有遠行的機會，每當他們出發前，我總是會在地圖上先找到他們要去的學校和住家的位置，以及附近的環境，我會寫一封很長的信給他們參考。孩子們都笑我說：「不用害怕，只要去到那裡一切就都會解決的。」孩子們的勇敢，往往超過我的想像和預期，或許他們深信有些東西是永遠會跟著他們到天涯海角的。或許就在紐約地下鐵候車的時候，或許是在米蘭的某一個文藝復興時期所建的大教堂裡休息時，他們也會像我在法蘭克福的火車站一樣，瞬間聽到一種熟悉的聲音，久久無法離去。當人生走得越遠，或許越容易想起那些童年每天都聽得到的《天方夜譚》。

媽媽走的時候，她的長孫李中從紐約寫了篇文章悼念奶奶：「……千面蝶的故事是奶奶少數自己創造的故事之一。千面蝶有千種面貌，沒有人知道她的來歷甚至性別，只知道她來無影去無蹤，每一次出現在人前樣子都不一樣……她是樹林的一道劍光，是夕陽餘暈下的一抹紅影；最讓人記憶深刻的是她聽起來非常快樂不做作的笑聲。每當她行俠仗義完後，人們就可以聽到那樣的笑聲，慢慢遠去……我的奶奶就是千面蝶。」

而她的孫女李華是這樣描寫她的奶奶的：「從前從前，有一個很嬌小的人，活在人群裡，一直以爲自己是個小矮人。終於到她要離開的那一天，一群小精靈搬了梯子來接她，她才知道，原來她是小精靈裡面的大巨人，而不是人類裡的小矮人。奶奶在我眼裡，就是一個被困在嬌小皮囊裡，被困在貧乏資源裡，被困在無聊生活瑣事裡的自由精靈，說故事的精靈。」

這就是媽媽留給她子子孫孫最珍貴的天方夜譚。

鬼字

從小爸爸就用各種方式和我對話，除了用說的，還會用寫的，還要每天批改我的日記和定時改我的閱讀心得；連送給我的照相本上，都寫了很多勉勵指導的話語，像一本書前面的序言。

他對著我一直說個不停寫個不停，有時憤怒，有時哀怨。我很難用言語去形容我和他這樣的緊密關係到底是什麼？是一種「強迫式」的不能擁有隱私和秘密？還是一種「強迫式」的坦白和交心？或是一種很「聰明」而「有效」的教育方式？還是建立親子溝通的平台？我沒有答案，於是我很想去找答案，因爲我覺得有一種被綑綁的壓抑，如影隨形的跟著我大半輩子了。

最近我試著在幾個對象完全不同的演講場合，拿出四十多年前我被爸爸批改過的日記和閱讀心得做了簡單的問卷。我先大概描述有兩個喜愛創作的孩子，在兩個完全不同的家庭中成長。一個是在公務員爸爸有計畫的培養，嚴格規定他寫日記和閱讀課外書籍，並且規定要寫閱讀心得，爸爸會指導和批改。另外一個的爸爸很少和他的孩子說話，更不用說要他寫日記和讀課外書籍了。我的問題是，請問這兩個孩子哪一個比較有可能成爲作家？不過我也預留了第三個答案是，不一定。這幾場演講的對象分別是國中的語文資優生、某大企業的員工和某一所煙毒勒戒所內的人。

國中語文資優生那一場的結果令我很驚訝，因爲全場竟然沒有一個學生認爲那個被爸爸有計畫訓練的孩子「比較容易」成爲作家。當我展示手中的日記本和讀書筆記說這個孩子就是我時，有個學生還用非常同情的口吻說：「你好可憐，是零票。」於是我想到一個理由是，現在的孩子要學的東西太多，所以很討厭大人逼他們再去學什麼，所以我會得到「零票」。

可是這個假設在第二場對大企業員工的演講中又被推翻了，因爲問卷結果竟然是一樣的，小孩和大人都認爲自動自發的那個孩子更有可能成爲作家，那個從小在爸爸有計畫訓練下的孩子反而沒有用。監獄那一場的結果不但是一樣的，其中還有一個聽眾的發言，更深深觸動了我。他站起來說：「我的成長背景幾乎和你一樣，有一個嚴格的公務員爸爸，同樣要求我寫日記和閱讀。但是，我可沒有你這樣的幸運。」

這樣的結果眞令我悵然若失。我隨手翻到小學五年級某一天的日記，內容是寫爸爸在我正要上床睡覺前叫我過去，他指責我當天的日記上有很多「鬼字」，他認爲我是無可救藥了。什麼是「鬼字」呢？這是我們父子之間的專有名詞。根據爸爸的定義，該拉長的一撇或一捺沒有拉長，一橫或一豎寫得不夠長，或是應該對齊的筆畫沒對齊，應該遮住的部位沒遮住都屬於鬼字，爸爸會在這些被他判定是「鬼字」的字旁邊打個紅紅的大叉。

如果字就像一個人的脊椎的話，爸爸就像個整骨師一般，不斷的整著我的脊椎，他一直不滿意我的脊椎，覺得我整個人是歪歪扭扭的。爸爸會用充滿文學的筆調形容我的字是：「像在戰場打了敗仗的傷兵，斷手、斷腿、歪脖子、斜著身體走著。」他曾經非常生氣的寫著：「你如果沒有決心改過，使鬼字逐漸減少的話，就不必再寫，我不想看了。」我在日記上這樣回應著：「爸爸用搖頭代替打罵，使我更心痛。」

事隔四十多年，尤其是在我連續做過了三場問卷之後，我撫摸著爸爸當年親手為我製作的日記本和閱讀筆記本，四十多年前那種心痛的感覺依舊清清楚楚。二十四歲那年，我出版了第一本書，封面的書名和作者的名字都是由爸爸用毛筆字題寫，爸爸的字飄逸俊秀，從此，我所寫的書都是由爸爸題字，一直到很多年之後，才結束這樣的「加持」。

在一場演講後，有個中年女人靜靜的翻著我童年的日記本，她說：「其實你的字很可愛。但是你的爸爸在他的能力範圍內，也盡了最大的力。沒有什麼對錯，這是我看到的眞相。」

黃牛慢走，火車快飛

在東西向的莒光路和南北向的萬大路相互垂直的交通網絡尚未形成的年代，在萬新鐵路還沒有拆掉鋪成汀州路的年代，在西藏路和三元路還是一條大河溝的年代，在小學畢業後上初中還要考聯考的年代，有二十多年的時光，歲月讓我像一隻被保護在蛇洞內冬眠的蛇一般感到安全舒適。

我活動的範圍不大，當我和同伴們在鐵軌上追逐時，只能玩到大河溝的旁邊，古亭和螢橋彷彿在遙遠的另一端。當我上了幼稚園和小學時，也是沿著鐵軌朝相反方向走去，那裡是艋舺車頭（火車站），在巷巷弄弄中穿來梭去，讀完了幼稚園和六年小學。再來的十年，包括六年中學和四年大學都是用一輛從萬華的賊仔市買來的便宜腳踏車解決了我所有交通問題，方圓兩三公里以內，我所有童年和青少年的生活和學習就這樣完成了。

所以當我從師範大學畢業拿到要去實習的公文通知書，上面寫著台北縣五股鄉五股

國民中學時，我眞的傻住了。台北縣五股鄉在哪裡？於是我試著從永和搭公車到中華路換三重客運，一路顚顚簸簸搖搖晃晃的由三重、新莊到五股，幾乎沒有搭公車經驗的我簡直像是搭了一艘船，品嘗著一種陸上行舟的滋味，頭暈嘔吐醜態百出。

一年後我被分發到中壢龍崗的一個救護車連當預官排長，一排的弟兄都是駕駛兵，個個都是開大卡車出身。按照軍中規定，軍官是不能駕駛救護車的，怕發生意外折損兵力，可是我偏偏想被「折損」。於是趁著連長休假我最大的時候坐上了駕駛座，開啓了我駕馭救護車的時代。我手握方向盤腳踩油門，成了一個沒有駕駛執照的賽車手，在營區內繞著圈子，速度越來越快，終於在一次轉彎中衝進了壕溝內，花了很大力氣才把救護車拖上來。二十四歲，當我連人帶車的跌在軍營四周的壕溝內時，才覺得自己眞的長大了，冬眠的蟒蛇醒了，終於爬出了安全的家。

從一個「叉」慢慢認識自己

小時候的家其實是用物資局倉庫的停車場臨時改建的，倉庫內堆放著各種民生用的物資，我們就緊鄰倉庫而居。孩子們喜歡看到馱著物資的黃牛從遠方緩緩走過來，慢慢拐進倉庫的大門。那些盛滿黃豆的麻袋，總會因爲扛麻袋的工人用鐵勾拉起沉重的麻袋往肩上放時留下小小的破口，於是孩子們就會用已經削好的竹筒插入麻袋的破口內，讓黃豆順著竹筒流出來。「走慢一點嘛，我們正在替你減輕重量哩。」孩子們跟在牛車後面一手竹筒一手水桶的，很快就裝滿一水桶的黃豆。

倉庫管理會清點麻袋的數量後，黃牛就在附近大樹下休息，通常也都會爲了減輕重量，留下一坨很巨大的、而且還冒著煙熱騰騰糞便之後才肯離開。黃昏時，不遠處那一個磚砌的大煙囪冒出了濃濃的黑煙，家家戶戶的炊煙也跟著飄起，有著濃濃的黃豆味道，那是一種像田園生活般寧靜又幸福的味道。

小時候我並不知道大煙囪就是垃圾焚化場，就在我們家附近，其實空氣中飄浮著很多懸浮粒子。我們總是期待著黃牛馱著黃豆慢慢走進我們竹籬城堡的勢力範圍內，而我們是一群手拿竹筒和水桶保護動物的小英雄。祖母總是叫嚷著要回大陸老家，她說戰爭結束了，紅軍撤退了，她留在大陸老家的田地和家當沒人管，她該回去處理了。她從屋子裡一路叫喊著，手中還眞的拎著一個包袱，只不過她不敢跨過宿舍外面的那兩條鐵軌。她停在鐵道前面等著火車開來。她說她要搭火車回大陸老家，她說有人告訴她這條鐵路是可以通到大陸老家的，她給了我一把鈔票要我替她買車票。當火車開過她就一直招手要火車停下來，我緊緊抓住她的衣袖往後拉，怕她萬一跌倒發生意外。

火車天天在我們家門口來來去去，我養的小狗有一天慘死在火車疾駛的輪下，愛吃狗肉的一個叔叔連忙趕到我家把那隻小狗煮來吃了。我很害怕祖母天天守在鐵道旁邊這樣叫嚷著，於是就對祖母說我唱一首歌給妳聽，妳不要一直叫：「火車快飛，火車快飛，穿過高山渡過小溪，不知跑了幾百里。快到家裡快到家裡，媽媽看了真歡喜。」祖母聽不懂國語，可是她哭了，後來她就瘋了。

我一直不忍心告訴祖母說這條鐵路並沒有通到她在大陸的家鄉，因爲這條鐵路只有十公里長，從萬華到新店，除了載客人，還載著由盆地南方開採出來的煤炭和山林中砍伐下來的木材。在我讀高中的時候，這條長十公里的鐵路結束了它四十多年的任務被正式拆除，爲了怕被沿路的民眾侵占那些土地，政府又花了一年的時間把鐵道鋪上柏油，成了現在窄窄而蜿蜒的汀州路。說來也眞是巧合。鐵道拆了，似乎也斷了老祖母返回家鄉的夢，不久之後她就離開人世了。

就在大學要畢業的那年，爲了打通萬華東西南北的交通，政府決定興建莒光路和萬大路，兩條大馬路像十字架一般給這個老舊地區帶來了救贖和希望，而我所居住長達二十多年的竹籬城堡終於遭到被拆除的厄運。童年和青少年的記憶，瞬間就像被莒光路上來來往往的車輛壓得扁扁的小蛇一樣，早已成了失去原樣的標本。原本要花很長時間在巷巷弄弄穿梭之後才能走到的雙園國小和萬華初中，怎麼變成坐落在大大直直的馬路邊，離原來我們住的地方好近好近，但是住了二十年的家卻永遠消失了。

慢慢走過來的牛車，想像中可以回到大陸家鄉的火車，一路吆喝著的三輪車伕，這些兒時記憶都被莒光路和萬大路打了一個大大而粗暴的叉。對我而言，這些大馬路不是救贖的十字架，而是毫不留情的「叉」，這個「叉」提醒著我關於自己的身世，是多麼不同於其他世世代代居住在這裡的人。
我從這個「叉」開始慢慢認識了自己。

媽媽溜掉了

當醫生宣布妳死亡時，我忽然快步走向急診室的門口，外面下著濛濛的細雨，天空已濛濛亮，時間停在二〇〇九年四月二十六日清晨五點二十九分。

當時我立刻趕到門口和妳說再見，怕妳很快就溜掉了。我覺得這幾年妳臥病在床，無法行動自如，妳一定悶壞了。我仰著頭望著天空對妳說話，因爲我相信妳已經立刻升天了，留在急診室內飽受一夜折磨的只是妳的軀體肉身。妳的靈魂正自由自在的啓程四處漂蕩，我的耳畔響起了那首掛在妳的床頭那隻小熊會唱的兒歌：「一閃一閃亮晶晶，滿天都是小星星，掛在天空放光明，好像許多小眼睛……」

當時已經微亮的天空看不到小星星，可是我卻看到了許許多多的小眼睛，就像妳的小眼睛，當妳笑起來瞇著眼時的那種小眼睛。愛哭的二姊躲在角落無聲的哭泣，大姊很平靜的喃喃自語：「我們的媽媽是最有福氣的人，晚年和二姊住在一起，我們又可以輪流照顧她。你說對不對？八十九歲了。在走之前，意識還那麼清楚。」她重複的說著這些話，像是代替別人說著安慰家屬的話。

我努力的思索妳在送到急診室之前所說的最後一句話是什麼，妳好像就是說：「我。要。死。了。」說完這四個字之後，妳就閉上了眼睛。過去二姊曾經問過妳，對於死後有什麼要交代的，妳只淡淡的說：「一切由你們決定。只要你們方便就好。」這就是妳。媽媽，這就是妳。對於生死妳看得那麼淡，我從妳的眼睛中讀不到一絲恐懼。

爸爸走的時候妳沒有哭。三妹走的時候妳也沒有哭。妳自己走的時候更沒有哭。我也很想和妳一樣不哭，但是當我仰望天空想著妳已經溜掉時，還是忍不住偷偷拭淚。妳眞的溜掉了。媽媽，我知道，其實妳很想溜掉。記得當年爸爸走的時候妳趕到醫院，妳撫摸著爸爸的額頭很溫柔的說：「琳哥，我來了。你放心的去吧。你一生好辛苦，現在總算放下了。你安心的去吧，我和孩子們會好好的。我很快就會去找你的。」妳平靜的語氣讓我們做兒女的安心不少，我原來一直哀求醫生繼續搶救爸爸，我很慌張的對醫生說：「我怕我媽媽無法接受這個事實。」妳從容不迫的態度讓當時一片慌亂的氣氛瞬間安定下來。

面對三妹意外的死亡，妳的態度依然是那麼的平靜。妳很不捨的撫摸著么女兒的面頰低聲的說：「三寶，我知道妳活得好苦，好累，妳是那麼善良心軟，要妳忍受這麼多的痛苦，妳一定是撐不住了。妳安心的去吧，我們會照顧妳的孩子，妳不要擔心。我深深期待再與妳母女相會的日子。」沒有想像中白髮人送黑髮人的哀慟。妳在後來的一篇追悼三妹的文章中寫著：「我在這兒祝福妳，支持妳，妳的選擇是對的。人生有太多的苦難，叫人受不了啦！」妳覺得死亡是一種選擇。妳認爲當一個人不想活的時候，就會用各種方式讓自己從人間消失。妳什麼也沒交代就溜掉了，或許這也是妳的選擇。

我們只能憑著過去和妳相處的經驗去想像妳希望我們怎麼做。妳是一個很怕打擾別人，更怕麻煩別人的人，妳一定很嚮往那種談笑間瀟灑走一回的感覺。所以在妳的告別式上我們快樂的唱歌，說一些關於妳的笑話讓來賓笑，我們準備了那本已經絕版的《酷媽不流淚》送給來賓，我們知道妳會喜歡這樣的感覺。一個不要哭只要笑的告別式。後來朋友遇到我都說，這是一個好溫暖的告別式，所有的來賓都笑著離開了會場。難道妳當時也是笑著溜掉的嗎？

妳走三年了，我天天睡在妳睡過的床上，天天坐在妳坐過的椅子上，我從來沒有和妳那麼親近過，也從來沒想過死亡後，我還可以用這樣的方式親近妳。

太空人最後的太空漫步

媽媽妳眞的溜掉了，並不是躲貓貓那種躲起來，妳不會再回來了。

記得那天清晨，當我們正將妳的軀體移到另一處地方安頓時，大門口架滿了電視台的攝影機，妳才剛告別人間就玩起如此大的排場，或許妳要替我們母子玩的太空人遊戲畫上美麗的句號。我忘了從什麼時候開始，每當我扶著妳從床上起來進行那些例行的活動時，我就會用一種現場轉播的語調這樣說著：「這是歷史上重要的時刻。九十歲的女太空人黃冰玉現在要搭太空船出發了。她正吃著太空食物，非常營養，在無重力的太空中吃東西，難免會吃得很辛苦。」當我扶著妳用助行器吃力的走向馬桶時，我會亢奮的繼續說：「九十歲的女太空人黃冰玉，正在太空漫步，因爲失去地心引力，每步踏出去都很辛苦。她現在要排尿。這是更困難的動作，失去重力的尿尿有可能往上飄。但是黃冰玉成功了。尿尿成功的向下流。」

妳總是會被我逗笑，但是我知道，這個笑容是很苦澀的，是一種基於無奈的善意，因爲妳知道妳的大兒子如此賣力的演出，無非是想學老萊子娛親。其實妳每踏出去的每一步都異常的吃力。當我將妳輕輕放回床上蓋好棉被，我會繼續播報著：「太空人黃冰玉成功的完成任務回到了地球，全球記者都守候在外面等著她出去。可是她需要休息，所以記者會將由她的發言人李遠代表出席。」「妳好好休息，我去外面應付一下記者。聽說總統也會來頒發動章給妳。」我這樣對妳說，妳鬆口氣說：「你去吧。謝謝你。你也去休息吧。」這次，妳去了太空卻沒有再回到地球，難怪全球記者都趕到了，我得出去發表一下妳的最後遺言。不過，我探頭看了一眼隔壁小房間裡擺著兩張照片，是來台灣觀光意外死亡的兩個大陸人，原來他們是要來採訪這個兩岸的大新聞吧？

那是一個尋常的星期天午後，距離妳離開人間大約八個小時。我猜想妳已經找到在天上的爸爸和三妹了。爸爸第一句話可能是：「冰啊，妳怎麼搞那麼久才來啊？來，快講個故事。」三妹的第一句話可能是：「哈，老媽辛苦了，先躺下來聊聊天。」我不確定會是這樣的場面，因爲你們三個人有三種不同的宗教信仰。我喜歡自己想像，這樣我會比較好過。我補眠後，發現兩個姊姊已經在挑妳的照片了，桌上堆滿了妳各個不同時期的照片，二姊拿起一張妳在花叢的照片說：「妳看，我們媽媽多麼會笑啊？」大姊也笑了起來，像鸚鵡學舌般跟著說：「我們媽媽最棒了，她最會笑。」「只要有玩，她就開心。」我也湊過來想幫忙挑照片。兩個姊姊卻異口同聲說：「你去工作，專欄不是還沒寫好？挑照片的事交給我們。」我不理會她們，動手挑了起來，她們乾脆把我趕進房間裡，碎碎唸著：「快去工作。」

我想起小時候這兩個姊姊就是這樣催我寫功課的，我是她們心目中不愛讀書的野孩子。可是這一刻，當我們剛失去母親的時候，她們的話讓我覺得好溫暖。沒錯，我們都是來自一個爲了求生存能很卑微的活著，願意互相扶持不停工作的勞碌家庭。不過就在我要回到房間工作前，我已經看中了一張照片。妳身穿天藍色的日本和服，笑咪咪的坐在一艘扁舟上，粉紅色的頭巾和粉紅色的衣領襯托著一種喜氣。我們無法判斷這張照片中的地點，也不確定妳是和誰去旅行。唯一的線索就是衣領上的那排字：「最上峽芭蕉」，底下是日文。懂日文的大姊解釋說那個日文是「線」。

「就是這張吧。有媽媽招牌的笑容。」我說完轉身就去工作了，我挑了一張很不一樣的遺照。

被槍斃的舅舅黃梅

說來或許這一切都是天意。就在妳溜掉後第二天，我們在臥龍街上的福州山的登山口發現了一間剛剛才建好的基督教長老教會全新的教堂，在這裡做妳的告別式和妳平易近人的風格很像。「媽媽每天早上都是從這個登山口，慢慢爬到山頂的，所以在這裡辦告別式很有意義。」我對二姊說。

其實還有一個沒有說出口的理由。五十九年前，二舅黃梅因為匪諜罪被槍決後，屍骨就是被隨便埋在這裡的，那時候這裡被稱爲亂葬崗。大舅黃仁說當時一共有六個隨著軍隊來到台灣的年輕人一起被槍決，每個人分到一塊磚，上面寫著各自的名字。妳不想提起這段傷心往事，所以妳生前我也不太敢和妳談起這件事，只知道我那從未謀面的二舅黃梅被槍決時才二十四歲。

記得妳在快要離開人世前說的一些話語中，有一句曾經讓我耿耿於懷。妳說：「我這一生中唯一做對的一件事，就是帶著弟弟黃仁來到台灣，眼看他成家立業。」我當時還有點抗議的問妳說：「那我們五個兄弟姊妹呢？」妳瞪直了眼睛說：「你們都姓李，不姓黃。」那麼斬釘截鐵的說「唯一」，可見得能帶著大舅來到台灣對妳而言是生命中最重要的事了。妳說：「黃仁乖，黃梅愛搗蛋，我只有能力帶一個出來，我就帶乖的。」沒有帶那個搗蛋的出來，搗蛋的果然闖了大禍，除了自己命喪寶島，差點還誅連九族。「如果能一起帶出來就沒事了。」妳終於幽幽吐出了這句一生最遺憾的話了。

去年大舅黃仁得到電影金馬獎頒發的特別貢獻獎，當電視上轉播著大舅黃仁上台領獎和致詞時，我們趕快扶妳起來看。當時妳的表情略顯激動，眼角有隱隱的淚光。妳眞正的心願終於達成了。大舅黃仁曾經寫過一本家族自傳體的書《三斯堂》，從那本《三斯堂》中，我才對二舅黃梅被槍決的始末有了初步的了解。

如果當年二舅黃梅跟著妳來到台灣，在台灣考上大學繼續求學，以他的才華應該也會是一個作家，或是一個文字工作者。

二舅黃梅在讀福州師專時寫過一個舞台劇本《青山綠水空遺恨》，劇中的男主角沈烈是一個衝動魯莽過度熱情的人，他娶了一個絕對順從、溫柔嫻慧的女人金花爲妻，兩個人的結合其實是一場悲劇。沈烈找了藉口和金花離婚，響應青年從軍的號召，然後一連串的悲劇發生了，最後沈烈從共區逃出來，在一次衝突下死於李鄉長的槍下。他想表達的是一個具有悲劇性格的人，活在一個悲劇性格的社會和時代，以悲劇的方式匆匆的結束了短暫的生命。他的劇本似乎預言了他自己的悲慘命運。

二舅黃梅在讀福州師專時，和他的女朋友秀芬加入了一個民盟地下小組，這算是一個和共產黨同一陣線的民主黨派的學生組織。後來他報名參加解放軍第十兵團的「南下服務團」，等待機會來台灣。當時戍守金門的胡璉兵團透過地下組織在福州招募敵後青年加入軍隊，事後想起來這是一場諜對諜的大陰謀，一些熱血青年輕易加入了這個兵團，如飛鳥入了籠子，從此走上犧牲死亡之路。在那個悲劇的時代，一個年輕的生命在牢獄中被刑求折磨一年後死於槍下。

或許這才是妳這一生最大的遺憾。我終於了解在二十年前當台灣的反對黨還沒有崛起時，我和我的朋友以公司的名義接下了替反對黨拍電視競選廣告時，妳幾乎要抓狂了。妳恐懼的喊著：「我死了一個弟弟還不夠嗎？」

妳一直對我的言行不放心，因爲妳覺得我有點像二舅黃梅。

最後的笑容

弟弟寫了一篇紀念妳的文章，解答我們決定要用在告別式上的那張照片之謎。十三年前爸爸過世時，弟弟從美國南方沼澤地換飛機，一路哭著回台灣奔喪，並且決定以後每年暑假都要帶妳到世界各地去玩。那年夏天，你們去日本參加一個大自然深度之旅。

有一天你們玩到了山形縣的最上川，搭古式渡舟遊河，當時雨勢由小變大，兩岸頓時白茫茫的一片迷霧，船家小姑娘唱起了山形縣的古調，愛搞笑的弟弟就借了妳的圍巾綁在頭上，隨著歌聲跳起了奇怪舞步，船上的客人樂翻了，妳也笑得闔不攏嘴，那就是照片上的笑容。妳心滿意足的笑容裡全是妳最疼愛的兒子的搞笑舞步、船家小姑娘的歌謠聲，還有日本山形縣最上川的雨聲。

弟弟在那次旅行中因為難得和妳共枕眠，發現每到深夜妳就作著相同的噩夢，妳的手在空中揮舞，用高亢的聲音尖叫著：「把繩子丟下來。快把繩子丟下來。」妳一臉驚恐，表情緊繃。弟弟輕輕握著妳的手，在妳耳畔輕輕的說：「繩子來了，接好。」妳八歲那年，共軍到了閩西和江西附近建立「中華蘇維埃共和國政府」，外公和大伯公被列為土豪劣紳，房屋被燒毀，財產被搶光，全家逃到長汀。後來共軍攻陷長汀，外公連夜逃到閩粵交界的峰市，留下外婆和你們姊弟妹。

十一歲的妳就跟著鹽販連阿姨逃出長汀，穿過重重包圍去遙遠的峰市找外公。妳的人生由此揭開序幕。妳一路逃，妳跌到了一個坑洞裡，那是一片亂葬崗，坑洞是剛挖好的新墳。妳求救，妳踩到了別人的屍骨，妳嚇得要趕快爬出坑洞。揮之不去的恐懼和不安如影隨形的跟著妳，妳要一條救難繩自救。那真是一個大苦難的時代，而妳只是僥倖的生還者，在這個收容妳的小島上活了下來。

就在妳走後大約半年的一個早上，我還在半夢半醒之際，剛退伍的俊廷走到門口告訴我：「仰芳叔叔來了。」我以為是在夢中，因為這是件很不尋常的事，住在基隆的獨居老人仰芳叔叔在沒有預告的情況下忽然出現在我們家，我的直覺是他大概要來「交代」一些事情了。他今年八十七歲，在台灣沒有其他親人。

我匆匆帶了紙和筆到客廳，有重度聽障的仰芳叔叔要用紙和筆和他溝通。我寫了第一句話是：「怎麼忽然出現？」他用吵架般的音量說：「我收到一封信，說是你媽媽有狀況了，我就趕來了。」我繼續寫著：「那你知道我媽媽在半年前過世的事情嗎？那時候有通知你，你也來過我們家了。我們還聊了很久。」他很無辜的看著我說：「我不記得了。今天我收到一封信，那封信我忘了帶來，我就趕來了。」

我從他的口袋掏出了他所謂的「那封信」，果然就是半年前寄給他的訃文。我把摺成一小方塊的訃文打開：「親愛的朋友，我們的媽媽黃冰玉女士安息了。她離開人世時正好天亮，微雨，大地寂靜無聲，孩子們隨伺在旁，她奮鬥了八十八年的生命，終於畫下了圓滿的句點……」他頭髮還有一大半是黑的，放大音量重複說著半年前坐在同樣的位子上說過的話。他說的內容還是他當年多麼有骨氣的不回家鄉，然後一個人逃來台灣的過程，然後強調他不喜歡和同鄉來往，寧願獨來獨往。他說他是軍家人，是明朝從南京來到閩西剿土匪的軍隊的後代，所以他姓危，是極少數和祖母來自同樣地方的親戚。

人是靠著記憶才會覺得自己的存在，當記憶開始一點一滴的流失時是一種幸福還是不幸呢。當所有的記憶都快消失時，最後還殘留的記憶，就是這個人最在乎的東西了。媽媽，面對苦難悲慟，失憶應該是不錯的選擇吧？

輯

找到你的信仰了嗎？

如果要用很簡單的幾個字來形容自己的人生，我想到「失敗」這兩個字。十六歲那年，我從第一志願的初中畢業後，考上了第六志願的成功中學夜間部，在爸爸心目中，這是一次「無可挽回」的失敗，他跪在我面前痛哭失聲……

失敗後，尋找快樂和信仰

人不是為成功而活

如果要用很簡單的幾個字來形容自己的人生，我想到「失敗」這兩個字。

會有這樣的念頭，是我還在華視上班的某個痛苦的黃昏，當時我接到女兒的電話，就趕快告訴她說，我想寫一本書，書名就是「失敗」，女兒立刻說：「酷！快動手。」女兒一直對於「成功」不感興趣，她很小的時候就告訴過我，她最討厭的字就是「贏」。我當時聽了怵目驚心：「是不是因為這個字筆劃太多了，很難寫？」她很確定的說：「就像這個字一樣，要贏，很難。人人都想贏過別人，那誰要輸？所以，我討厭贏！」我幾乎要哭了起來，問說：「所以，妳，寧願輸？」她點了點頭。

這本叫做「失敗」的書還沒開始寫，我就接到了一本雜誌社編輯的電話，裡面有個專題是關於「經驗的傳承」，一個是傳承者，一個是接班人，讓兩個人對話。我毫不猶豫的說，我想談「失敗」，我知道，大家都愛談「成功」，愛聽「成功」的奇蹟，就算談了點失敗，最後還是要回到「失敗是成功之母」或是「在跌倒的地方站起來」這類陳腔濫調。其實當我們在談所謂「成功」的人時，往往倒果為因，為那些成功者找出他們成功的理由、原因，甚至於方法，這往往只是強作解釋而已。我希望孩子能早一點面對人世間的眞相和眞理。所以，我很想談「失敗」，談如何看待失敗，如何面對失敗，如何承擔失敗，這些都和成功無關。這才是人間最世故的眞相和眞理。人不是為成功而活，而是為某種信仰而活，在有信仰的人心中，失敗正是堅定信仰的大好機會。

和我對談的是寫過一本書《轉山》，就頗為轟動的年輕作家謝旺霖，最後編輯完成了一篇名為「失敗，是成功的夜間部」的報導。這個標題下得實在太精準了，失敗不是成功的對立面，失敗只是成功的「夜間部」而已。就像每天都有白天和黑夜，隨著冬天和夏天有不同的長短，但是，黑夜和白天對一個人的生命是同等價值的。黑夜往往是讓人能得到休息和沉澱的時刻，睡眠的重要性更是隨著科學的發現越來越被重視，包括白天的所有學習都依賴黑夜睡眠時，大腦的運作才得以有效。失敗是成功的夜間部，天才的創意。

「失敗」比「成功」還有意義

編輯會想到這個標題，是和我在訪談中提到我人生中第一次重大的「失敗」有關。十六歲那年，我從第一志願的初中畢業後，考上了第六志願的成功中學夜間部，在爸爸心目中，這是一次「無可挽回」的失敗，他跪在我面前，如同面對世界末日般痛哭失聲：「兒子，一切都完蛋了啊！」爸爸的悲傷和恐懼是眞的，他一度希望我放棄升高中，去考專科學校，學得一技之長，將來可以謀生。後來我考上了台北工專土木科，不過最後爸爸還是讓我去讀成功高中夜間部，理由是我的姊妹們都很優秀，怕我沒讀大學會很自卑。

我的自卑感就是從十六歲這一刻開始根深柢固的，我如同見不得人的鐘樓怪人，只能在黑夜來臨時，偷偷閃進校園裡進行著我的學習，我自卑得不敢面對位於校舍穿堂的穿衣鏡，高二時還被老師痛毆，揚言要開除我。多年後，當我收到成功高中頒給我「傑出校友」的銀盤時，我直接將銀盤當成植物盆栽的墊底，我恨透了那三年的學校生活，因爲那是我無法磨滅的失敗印記。

我忘了，就是因爲讀的是一所夜間部，我才會利用白天去美國新聞處大量閱讀國外書籍，開始試著寫作投稿，開始練習長跑成爲優秀的長跑健將，更開始提早打工，甚至

還和同學做起露營的生意，體驗眞實的人生，開始自我探索。如果我當時和班上其他同學一樣考上前三志願的日間部，一樣天天埋首讀課本準備考大學，或許，我會少了點各種嘗試和磨練意志力的機會。

失敗是成功的夜間部。它會讓我們看到、聽到、想到嘈雜又忙碌的白天所看不到、聽不到、想不到的東西，而那個東西往往又是生命中最核心的價値，它讓我們敢懷疑自己、反抗自己、認清自己、發現自己，最後找到生命中最重要的信仰。就像騎著單車去西藏的謝旺霖說，當他在忍受飢寒交迫的惡劣環境，忍受隨時會發生的危險，忍受病痛和孤獨時，他原本是要接受失敗的結果的。但是他就是要看自己是如何「屈服」「就範」於失敗的。他說「失敗」對他而言只是個「中性名詞」，「中斷了目標」「達不到原本的期望」反而能讓自己在「落空」中，眞正認清楚自己的天賦和能耐，對於人生，這樣的「失敗」是比「成功」還有意義和價値的。

我的另一次「大失敗」是申請到美國紐約州立大學的助教獎學金，卻在一個深夜裡下了決心放棄優渥的獎學金、放棄繼續攻讀博士學位的大好機會，毅然返回多事之秋的家鄉，重新開始毫無頭緒的創作生涯；爲此爸爸氣得中風倒地，比我考上夜間部的反應更爲激烈。事隔多年後我才相信，那個失敗成了我自己看清楚人生方向和找到人生信仰的轉捩點。「失敗」會讓人看清楚自己的恐懼、脆弱和盲點，也看到自己內心的熱情和渴望，而這些都是在夜深人靜遙遠的異鄉中發生。

眞正的快樂和信仰

眞正能面對「失敗」這件事情，反而是我「成功」的打敗眾多的挑戰者，「考上」公共化後華視的第一任總經理之後。

那次爲了公共化而成立的華視董事會對外公開徵求總經理人選，我在接到董事長的電話邀約「參賽」後，利用過年期間一天一頁的寫了足足兩個星期，最後進入決選參加面試。當時媒體用「放榜」來形容激烈競爭結果，最後竟然是我被錄取了。這次的「成功」使我誤信自己是帶領圓桌武士的亞瑟王，要去混亂的國度重新建立一個新天地。（去面試前我站在一棟標著「亞瑟」字樣的大樓下。）我沒有經過太縝密的思考，很快就翻天覆地的幹了起來，朝著媒體公共化的方向走去。我將自己深深埋在辦公室的椅子裡，天天望著電腦裡的收視率和財務報表。在完全沒有政府編列預算的奧援下，將一個在商業競爭能力已經走下坡的電視台走向公共化是一場「必敗之役」。如果「轉虧爲盈」是檢驗經營者是否成功的唯一指標，我承認我失敗。

「成功」往往讓人產生錯覺，延誤了走向眞正適合自己的道路。過度強調「成功」的重要，會讓人生過得慌亂恐懼。從這次的「必敗之役」，我並沒有學會「如何成功」，「必敗之役」就是「必敗」，像歷史上許許多多的戰役一樣。但是「必敗之役」

卻讓我學會如何尊重和自己不同想法的人，也學會謙卑和認錯，更學會如何承受巨大痛苦和折磨。經過這樣的苦難後，我不再渴望當英雄，也深信人不要爲「世俗定義」的成功而活，而是要爲自己眞正信仰的事物和眞理而活。離開了那個令人傷心的戰場後，我學習當一個配角，一個傾聽者，積極追隨許多前行者參加社會關懷和社區營造的工作。

最近我收到一些朋友寄來的祝賀卡片，其中有一張是這樣寫的：「每當聖誕節來臨時，我第一個就想到你，因爲你就像是個聖誕老人，總是那麼慷慨的對待別人，帶給別人喜悅和溫暖。」還有一張這樣寫著：「你總是那麼無私的和大家分享著有趣的事情，讓別人感受到熱情和溫暖。謝謝你。」

做一個慷慨而溫暖的人，做一個能帶給別人快樂的人。失敗之後，才能找到眞正的快樂和信仰。

蒙古HAYA

我有一本法文的二〇一一年的記事本，因爲很小很好攜帶，於是我的二〇一一年就決定用這個封面上有巴黎鐵塔的記事本。這個小冊子沒有在地習慣的節日，也沒有農曆的節氣，連月份和星期都是法文，卻適合我不用朝九晚五上班的生活節奏：時間往往是大塊大塊的，有時鬆有時緊，一路使用下來被我塗改得密密麻麻的，有時看不懂上面記的是什麼事情。還好有其他線索可循，日子一天天過也沒出過任何差錯。

終於，我遇到了一個無解的情況了。在密密麻麻的塗鴉中，我發現一個怎麼看都看不懂的「鬼畫符」：「11月2日晚上7:30 $\Delta \pi y \delta$」，隨著時間越來越逼近，我越來越焦慮。過去的經驗是會有其他的線索，會有人主動來提醒這個約會。可是偏偏這個「鬼畫符」像是刻在岩壁上的古老象形文字，是一種奇異的召喚，不斷提醒著我，這個時間有一件我很少去做的事情要做。

就在前一天晚上忽然靈光一現，想起來了，是王城。果然是一個古老遙遠的時代

在召喚我。王城是我那個時代的民歌手，他曾經和另一個民歌手陳明在一九八〇年聯合主演過一部舊時代的新鮮電影《明天只有我》，導演是李力安，編劇是吳念眞，那是台灣新電影蓄勢待發卻尚未啓動的焦慮年代，那部電影反映的正是當時年輕人對未來的期待。沒想到當我再見到王城時，卻是三十年後的事情，年輕時期待未來的焦慮早已化成灰燼，隨風飄逝。

那是一場有總統出席的國家文藝獎的頒獎典禮，在一位得獎人拒絕上台領總統頒贈的禮物的小小尷尬之後，留著長髮蓄著鬍子穿著寬鬆的功夫衫的王城，斜掛著吉他，輕鬆搖擺的走上台來，他說：「當我來的時候，就表示，一切就要結束了……」他的話一掃前面有點緊張的陰霾，相對於前面過程的行禮如儀和不自在，反而有一種說不出的放浪和不羈。之後，他吟唱了蒙古的歌曲，也用極低沉沙啞的嗓音形容著他在大漠草原上所「聽到」的顏色。我問我身邊同時代的朋友們說：「他是王城嗎？」大家都搖搖頭，說不知道。

典禮過後，我問王城說：「這三十年，你都去了哪裡？」他笑著說，四處流浪呀，看沙漠草原啊，都是一群人啊，就住在帳篷裡啊……於是他約了我「這一晚」去聽一個蒙古來的樂團的表演，有馬頭琴、呼麥、冬不拉……我掏出小冊子在黑暗中匆匆記下了時間和「Δπyδ」。我重新將這個鬼畫符像密碼一般翻譯出來，是「蒙古HAYA」。

對我而言，這幾個字像是來自遠方的召喚，在尋常生活裡我已經不再有這樣的心情了，我的呼吸裡沒有沙漠和草原，我像是生活在陰濕盆地裡扭曲的蠍子，從一個濕格子爬到另一個濕格子。

那天夜裡，我依約來到華山的Legacy，有人引導我到一個有桌子的高腳椅上，我東張西望，四周全是熟悉這個場地的年輕人，搬著椅子拿著啤酒爆米花四處找空位。王城在節目的上半段將結束時，被HAYA樂團的馬頭琴演奏家全勝請上台客串表演，他唱了一首自己編寫的新歌〈蝴蝶來了〉，他在台上學著蝴蝶飛舞身體輕盈，台下的觀眾如癡如狂的跟著又唱又拍手。一個不認識他的年輕歌手輕輕問我說：「他，怎麼能把自己活得……那麼好？那麼開心？」

「是啊……」我心裡想，會不會是因爲這三十年他四處爲家，走到天涯海角看天看地，沒有被海島歷史的悲情和一連串的爭鬥所感染？而我們卻一直都活在這裡，然後，在小小的筆記本上記滿了密密麻麻的行程，在意著每一次得意忘形的成功，和每一次痛徹心扉的失敗，然後，人就這樣枯萎了。

天生反骨

一九八〇年，當台灣還是氣氛肅殺的戒嚴時代，我去中央電影公司上班的第一天，公司門口有一個像小孩子的年輕人在散發著「反動傳單」，傳單內容是在抗議最近媒體上報導的一些關於愛國電影的種種丟人現眼的事情。

我認識這個人，她不是小孩，她是曾經和我一起合作拍片的王小棣，她剛從美國念完電影回台灣，說話很直、年輕氣盛的傢伙。一九八二年，當一場台灣電影的革命正要開始時，我找上了王小棣，我以爲她會很珍惜這個可以輕易當上電影導演的機會，沒想到她卻用極堅定的語氣說：「我已經決定先做電視了，電視的影響力實在太大了，要改造一個社會，扭轉一個觀念，只有電視。已經有一群年輕人要跟著我，我可不能丟下他們不管。」

王小棣沒有趕上這場翻天覆地的新電影浪潮的盛會，她默默的帶領著一些年輕人拍著她的「百工圖」，以及其他和當時主流電視劇很不一樣的電視連續劇，她給了很多有夢想的年輕影視工作者機會，而這些跟過王小棣的影視工作者，後來也都沒離開過這個行業。在後來的許許多多的場合，尤其是一些評審會議中，總是會聽到這樣的竊竊私語：「這個人跟過小棣。」這句話的另一個意思就是「這個人接受過理想的洗禮」，通常也是一種「可信賴」的保證。

當王小棣開始想要拍電影的九〇年代，台灣電影工業開始漸漸進入了低潮期，她和她的革命夥伴黃黎明成立了一家影視公司，繼續拍公共電視的連續劇和電影，她們拍了一部代表台灣動畫工業里程碑的《魔法阿媽》，再一次展現她驚人的創造力和意志力。王小棣一直保持著她極獨特的看世界的角度和做事情的態度，就這樣斷斷續續的拍著電影和電視連續劇，每次都用很獨特的角度取材和拍攝，她始終沒有離開過這個辛苦且累人的行業。

所以當我聽說王小棣導演又有一部新片要推出時，我的第一個反應是：「什麼？這個人還在拍電影啊？」我真正的意思是：「酷，小棣，妳眞行。還堅持到現在。」而這部電影有個我一直沒搞懂的片名「酷馬」。我參加大直美麗華的那場特映會，當時來了一些特別的人，除了周美青和蘇麗媚外，還有一位在放映後幾乎崩潰的婦人，她就是《酷馬》這個改編自眞實故事中的失去兒子的母親。一個莫名其妙被人殺害的年輕人的鬼魂不斷去糾纏著殺害他的凶手，這個被害人慈悲而心軟，他只是懇求凶手去探望他那個傷心欲絕的母親，原來這個少女凶手也有一個令人同情的成長背景，從某個角度看，她也是一個無辜的被害人，她也在尋求一個出口想要走出來，最後這個凶手替被害人跑完了馬拉松。

當電影放映後，周美青抱著這個痛哭失聲的媽媽，她曾經因爲失去兒子後整個人進入憤怒、瘋狂的狀態，並且想盡辦法要讓同樣也是少年的凶手得到應有的懲罰，可是她最終選擇了寬恕和原諒。沒有人可以完全體驗和了解這位母親的悲傷和絕望，於是有了這部電影。那一刻，我終於懂了，爲什麼王小棣堅持要拍《酷馬》這部電影。我懂。她總是有一些和別人不太一樣的使命感，她從來不知道什麼是失敗的滋味，她對失敗並沒有心懷恐懼，她的天生反骨讓她敢特立獨行、勇往直前。在一個漸漸彼此失去信任，凡事只要尋找衝突點，負面訊息滿天飛的嶄新時代，王小棣拍出了《酷馬》，她對這個已經背離她嚮往和想像的世界再次發出了怒吼。

電影票房雖然沒有預期的好，《酷馬》也成了一部被低估的國片，但是我相信她對失敗有足夠的承受力，她還會繼續創作，繼續前行。

李安教會我的兩件事

有一天，我接到在美國南方教書的弟弟打給我的一通長途電話，他很困擾的問我說：「哥，你有沒有李安導演的連絡電話？」

「我沒有，但是我可以替你打聽一下。」我問他說：「你找李安幹什麼？你家不就有一個啊。」

「問題就出在這裡。」弟弟有點無奈的說，「最近有很多電話打到我家，說要找導演李安，偏偏我們家的李安接到電話會說，我就是李安。然後，就開始牛頭不對馬嘴了。」我的姪兒也叫李安，當初取名字時沒想到會有這點困擾。

上個世紀八〇年代中期，當我還在中央電影公司當電影公務員時，我也曾經打電話到紐約找李安。那時候他已經從紐約大學電影製作研究所畢業，他的畢業作品《分界線》得了紐約大學學生影展的最佳影片和最佳導演獎。我打電話給他，邀請他回台灣拍電影。其實在更早之前，當台灣新電影浪潮剛興起時，我們就考慮過他，可是他還沒從紐約大學畢業。當時他拍了一部三十分鐘的《蔭涼湖畔》，得到第六屆金穗獎十六釐米最佳劇情片，和他同時得獎的曾壯祥正好在中影公司的一個部門工作，我們就邀請曾壯祥加入了三段式電影《兒子的大玩偶》的導演工作。

這次打電話給李安之前我們又看了李安的《分界線》，一致認爲他正是我們目前最需要的那種能兼顧商業和藝術的高手。我們已經作出原則性的決定，那就是無論如何都希望能讓李安加盟中影這一波新導演的行列。爲了配合李安，我們不惜把拍片現場拉到美國去。我們想了一個留美學生的故事「長髮爲君留」，並且計畫讓吳念眞直接飛去紐約和李安談劇本。通常接到這種電話的導演都像是從天外飛來的好運般雀躍。不必靠人脈、拉關係、走後門，甚至於賄賂，機會從天而降。可是遠在太平洋彼岸的李安在電話那頭，沒有想像中的喜悅，他的語調緩慢而猶豫，慢條斯理的回答著：「拍電影這種事是急不了的，要考慮的事情可多著。慢慢來吧。」

「可是，有些機會也是稍縱即逝的。」我鼓勵他先做再說。

大約又隔了一年，李安請他的同學王獻篪送來了一個剛出爐的電影劇本《喜宴》，我趕快將這個劇本讀完後提交公司的製片會議，當時我強烈建議拍攝，但有人反對中央電影公司拍同志電影，我感覺自己漸漸遠離決策核心，知道是該離開中影了。然後，我就眞的走了。走的時候還在想：「你看吧，李安，你的機會就是這樣丟掉的。」就在我我離開中影三年後，快無法承受一再的挫折打算要改行的李安，終於完成了他人生中的

第一部電影《推手》，接著他又拍了《喜宴》。當《喜宴》在柏林影展得了大獎，李安在電視上接受記者訪問時，我正在餐廳吃麵。我聽到他說要謝謝我和王獻箎，我頓時百感交集，差點哭了出來，是有點委屈和心酸吧。

李安教會我的兩件事情。第一，這個世界沒有你，所有事情還是會完成。第二，機會雖然要好好把握，但匆忙上陣，機會也許變成陷阱。離開電影工作後，我也放慢生活和工作的步調，不再那麼慌張和匆忙，滿腦子只想要成功，凡事也不再以自己爲中心，也不再恐懼自己失去了對別人的重要性。在那段漫長的沉潛低調的歲月中，我寫了許多給兒童和青少年們閱讀的小說和散文，用另一種方式和這個社會溝通，我忽然感覺自己的力量比電影時代強大多了。

起飛前的昂然

那天上午在製作公司開了一個將電視訪談節目「文化在野」集結出版成書的計畫。這本書的內容聚焦在一九八九年《悲情城市》到二〇一一年台灣電影的復興，可是我們還沒訪問到侯孝賢。

「你們不是老戰友嗎？」年輕人望著我，我低著頭說：「是啊，但是不常連絡……我先去問一下他秘書的電話。」不久，我拿到了他的私人電話號碼。

那天下午，我趕去參加一個曾經跑過影劇新聞的老記者的告別式。老前輩是個外冷內熱很有個性的記者，還去過釣魚台插國旗的那種激烈的愛國者。印象中他每次跑來中影公司時總是叼根菸，有點戲謔的瞄著我們這些「小伙子」，說：「看看你們這些毛毛躁躁小伙子，沒吃過戰爭的苦頭，還想搞革命呀？」一九八九年初，老前輩在獲知我和吳念眞同時遞出辭呈要離開中影時，獨家寫了一個影劇版頭條，標題是「小野下野　念眞無戀」，敏銳的他嗅到風雨欲來的大改變，整個大時代就要翻盤重新洗牌了；一九九

○年老前輩寫了一本自嘲幽默的書《電影被我跑垮了》。幾年之後的台灣電影，就真的漸漸走向了快要崩盤瓦解。而侯孝賢一直沒有離開這個正在土崩瓦解的行業，忍受著國片觀眾的漸漸流失和一些影評的冷嘲熱諷，他成了這個行業繼續往前行的領頭羊，在峭壁前搖著脖子上的鈴，發出微弱的聲音。

在老記者的告別式中，我靜靜的看著前方一些老朋友們的背影，好幾個大導演、好幾個影后級的大明星，彷彿凝望著一張張模糊不清又有遺漏殘缺的老照片。在回程的捷運上，我決定直接傳簡訊給侯孝賢，邀請他和我對談一九八九年《悲情城市》之前和之後的歲月。晚上十點半，我收到侯孝賢回覆的簡訊，他直接約「明天晚上見面」。那口氣像是常常連絡的老朋友約個吃飯那樣輕鬆。那麼快而簡單的回覆反而讓我傻了眼，深夜連忙連絡企畫準備題綱和三機作業的攝影記者們，一切都準備就緒後，我發簡訊告訴他錄影地點，他回答兩個字：「知悉。」一切真的就那麼簡單。像是還停留在那個我們剛認識不久的時候。

我想起曾經很熟悉的侯式風格，他曾經說，如果發現大水淹上來有人落水了，不是討論要怎麼救人和爲什麼會落水，而是直接跳下去救人，千萬別怕弄濕了衣服。反正，做就對了，他總是這句話。

第二天晚上，侯孝賢準時出現了，他探個頭進來，還是三十歲時的打扮，背個登山包，一件黑色夾克，一條牛仔褲，一頂米色棒球帽，只是有點疲倦，他從清晨六點出發去拍片到此刻還沒休息。「你還住永和嗎？」他問我。永和？那是多久前的事了？二十六歲那年退伍後在醫學院當助教，我還住永和，剛接觸到電影圈時就遇到他了。他笑了起來：「因爲我也住過永和啊。當年辛苦工作貸款買了一棟七十萬的公寓，爲了投資《小畢的故事》，把房子賣了九十萬，從三樓搬到了四樓，用租的。哈。」所有後來關於台灣新電影浪潮的「豐功偉業」就是從他下決心賣了房子拍片開始的，因爲《小畢的故事》票房暴起、盛況空前，大家都感覺到一個全新的時代已經降臨了，就像《海角七號》之於二〇〇八年那樣，平地一聲雷就下起大雨來了。那樣的青春，好過癮，不過他也爲此吃了很多苦頭。這天夜裡，原本只要錄三十分鐘的節目，我們足足聊了九十分鐘欲罷不能，聊到後來，他乾脆脫下黑色夾克，好像忘了我們是在錄影。

錄影後，走到大門口陪他抽了兩根菸，他開始聊電影之外的公共事務，禁菸啦、博愛座啦、公共空間啦，這些年他出面管了很多「閒事」，他說沒辦法，社運人士都知道他「很好用」。送他上了計程車，想起我剛認識他時，他就是這個模樣，背著登山包，穿著夾克，風吹著衣角，有種正要起飛的昂然。

離開時的身影

許許多多我認識或不認識的人，送來高架的或是成雙成對的花籃，重重疊疊的將我位於神秘角落的辦公室布置成像一場匆忙的喜宴（或是喪禮），坐在角落外面的一個我看不出年齡的女生阿惠指導我說：「你可以將這些花籃上的牌子拿下來交給一位先生，他寫得一手漂亮的毛筆字，他閒得很，可以替你一一回覆答謝。我們這兒，這樣的人很多。」

從阿惠淺笑的嘴角中我知道，其實我已深陷機關重重的古堡裡面，古堡裡面戰績彪炳的將軍很多，能衝鋒陷陣的士兵很少，這是全台首家電視公司，而我是新來報到已經不再年輕的節目部經理。已經在家當了十年SOHO族的我，在心情上倒是很像重披戰袍回到古戰場的老將軍，我對新的環境感到格格不入，甚至於分不清是要來弔祭一個即將逝去的古戰場舊時代，還是要揮起大刀迎戰四面埋伏的新敵人？

參觀過企畫組、導播組、美術組、行政組後，我來到一個叫做「影片組」的陰暗角落。從帶我參觀的同事口中，好像這是一個「最不重要」的後勤單位。我看到了一張很奇怪的空桌椅，它們被放置在一個偏僻的角落，乾乾淨淨的，但是怪怪的，好像有個不能觸碰的禁忌。「這是作家王禎和坐過的位子，對了，他和你一樣是一個……作……家。所以，你應該是來到我們公司的第二個作家。哈哈……」帶路的同事解釋著，說到「作家」時，還有一種淡淡的輕蔑：「他後來得了鼻咽癌，拖了十多年，可是他一直都準時來上班，他說他的這份薪水要養家呀。牙刷毛巾什麼的都放在辦公室。有一天，他就倒在走廊，然後就……走了，醫生說是心臟衰竭。所以他的位子就放在那兒沒人敢坐。應該……又過了……十年了吧？」我愣在那張已經放在那兒十年的桌子前，心裡想著：「前輩啊，我們終於相遇了。是你靜靜的坐在那兒嗎？難怪沒人敢靠近？」

回到了那間被吳念眞形容是「像一個藏在黑巷內的密醫診所」的辦公室裡，我有一種前世今生的感觸和醒悟，我當下就決定了我到台視的第一個電視企畫案，我要推出一系列由王禎和的小說改編的迷你連續劇，我要找最好的製作團隊和最好的導演來完成他的遺願。我知道在八〇年代當台灣電影界興起一股改編鄉土文學作品成電影的風潮時，王禎和的幾篇小說都曾經被搬上大銀幕，成績都不盡理想。對電影戲劇深具學養的王禎和曾經打電話到報社給記者，表達他的失望和痛心。我想，這應該就是他短短五十年生命中最遺憾的事情吧？

我要重拍《嫁妝一牛車》，另外我也想拍他的《香格里拉》《兩隻老虎》等，這件事情終於讓我看到了人生中所謂「意義」這件事。在王禎和走後十年，在他所任職的電視公司推出一系列改編他作品的優質迷你電視連續劇，向他表達最高的敬意，這就是我來到這家電視公司的「意義」之一。後來由劉議鴻導演完成《嫁妝一牛車》，由瞿友寧導演完成《兩隻老虎》，陳坤厚導演完成《香格里拉》，播出後除了收視率比預期的高之外，還在國內外得了許多獎，連公共電視都還罕見的購買了播映權，在公視播出，後來也陸續賣出了一些海外版權。

一年八個月後，我爲了表達對政治黑手伸進電視台的不滿，在合約尚未到期，憤而提出了辭呈，這是我最後的骨氣！新聞見報後，我的外甥拿著一束花衝來辦公室要獻給我，當他看到空蕩蕩的辦公室時非常失望，他天眞的說：「我以爲消息見報後，會有很多人來獻花鼓勵你、安慰你。舅舅，我以你爲榮。」

我對失望的外甥說：「這個時候，是沒有人會送花的。大家會等著下一個來接我工作的人，然後送花給他。不過我很驕傲，我做了很多自己覺得很有意義的事，現在，我可以鬆口氣，大步跨出這家公司了。」

離開時的身影才是最重要的呀！

輯

誰是你靈魂的主宰？

我遇到鳳飛飛的時候，她已經成了母親，和年輕時候的清純可愛俏皮比起來，多了一種慈愛、溫柔和堅毅。或許是因爲對同時代人的了解，我總是會看到她比較隱藏、壓抑、倔強的內心世界，就像此時此刻她所作的決定一樣。

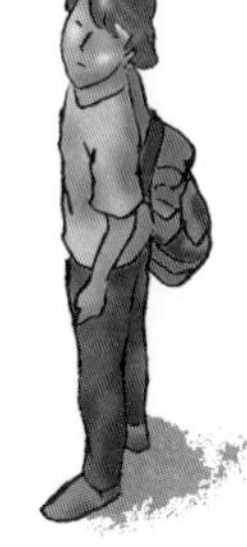

被觸動的靈魂，不寂寞

走調的青春

大學同學阿禮從馬來西亞回到台灣，他希望在台北辦一場ＫＴＶ的同學會。

我們這一班算是常常辦同學會的，大部分都是退休的中學老師，彼此聯繫還算是很緊密。我有一段時間在電視台工作非常忙，同學會經常缺席，結果有一次露了臉，就被同學們推舉爲下一屆同學會的「會長」，理由是：「你太少出席同學會了，算是一種懲罰。」我半開玩笑的說，那我要強化同學會組織，我要任命副會長、秘書長、財務長，從此我也就沒有缺席的權利了。

我晚了半小時趕到ＫＴＶ，房間裡聚集了六個老男生，但是只有阿禮一個人有氣無力的唱著一首我沒聽過的歌，其他人翻著歌本弄著點歌機，似乎對這樣的場合相當陌生，大家只顧著聊，藉口一大堆：「我想要唱的歌上面都沒有。」「歌本上面的歌我都不會唱。」我問阿禮爲什麼會想要來KTV開同學會，阿禮天眞的笑了起來說：「其實啊，我只是想要那種氣氛，老同學聚在一起唱歌，很快樂的。我想要錄影拍照回去向別人誇耀說，你看這是我在台灣的老同學，我們玩得多開心啊。」我想，好吧，那就滿足你吧。於是我就拿起麥克風隨著同學們亂點的歌也亂唱起來，然後就有一兩個同學加入了，但都是嚴重的五音不全，我摟著老同學唱著唱著變成了嘶吼。阿禮這下子可開心了，錄影兼拍照，他要的就是這種場面。一種「曲終人未散」的餘韻。

我從小很愛唱歌，曾經想當歌唱家。高中時候代表班上參加全校歌唱比賽，音樂老師很喜歡我，給了我全校最高的音樂成績。上了大學後，我常常在郊遊時一路唱著歌，後面會跟著一串的女生，我就像那個吹笛人帶著一串女生走入叢林裡。後來班上組織了一個合唱團，參加全校合唱比賽還拿了第二名，合唱曲就是〈聞笛〉。每當我們練唱時，指揮都會指著我說：「喂，你太大聲了，又不是獨唱。」此時此景，我又變回了青春時代的自己，拿著麥克風不放。同學們點的歌一首比一首老，最後採完了檳榔又採紅菱，聞了夜來香再聞紫丁香，我們邊唱邊笑出了眼淚，彼此互問著：「我們眞……的有……那麼老嗎？」不服氣的話，至少要唱王力宏或是張惠妹的新歌。最後終於找到王力宏唱〈龍的傳人〉，還有張惠妹的〈康定情歌〉。於是大家又五音不全的大聲嘶吼起來。

阿禮當年是來到異鄉台灣求學的馬來西亞僑生，他有著熱帶人的熱情，最愛朋友

也最怕寂寞，他常常教我們唱一些馬來西亞的歌曲，大夥一起吃飯他都搶著去付錢。身材矮小的阿禮，卻是我們籃球隊最佳的控球後衛，他擅長雙手運球、背後運球、胯下運球，切入禁區如入無人之境，遠距離的三分球更是他的絕技。他的助攻能力也是一絕，常常妙傳給打前鋒的我，讓我得分。大學四年，我們這支平均身高不到一七〇的籃球隊南征北討，所向無敵，還挺風光的。有一次在同學會上宣布一個班上女生病逝的消息，阿禮當場放聲號啕大哭，把其他同學都嚇壞了。

桌上的高粱酒和紅酒都喝光了，每個「老師」都醉得不再像老師。只有我這個沒有繼續當老師的逃兵還是清醒的。於是，我替大家點了一首蔡琴的〈最後一夜〉，反覆唱著那句總有一天會到來的「曲終人散回頭一瞥」……

回家的路我會自己走

大學同學阿禮又回台灣了，這次他又要大家陪他去唱KTV。我們換了地方，改去年輕人更多的西門町。

退休老師們聚會一向很準時，我到的時候，男老師們已經全員到齊，連桌上的食物都已經拿好，酒也已經備好了。阿禮說這種場合一定要喝酒，大家過去當老師當了一輩子都很拘謹，喝酒後才能敞開心胸扯著嗓子鬼吼鬼叫。和上次一樣，不知道是誰點了一些正流行的歌，卻沒人會唱，這樣也好，總比五音不全來得耳根清靜。

這時候又來了一個已經當阿嬤的女生小初，她手中拿著兩份號外，上面幾個大字「鳳飛飛病逝」，小標題是「下輩子再唱給您們聽」。照片用的是穿著一襲白色洋裝、帶著白色帽子的鳳飛飛，在演唱會上向大家招手，露出她的招牌笑容，非常燦爛愉悅。照片底下一排小字：「一代歌后鳳飛飛驚傳已於一月三日在香港病逝，舞台倩影永存人心追憶。」另外一行字是「遺言交代隱瞞去世消息，長眠大溪」。其實下午就得知這個消息了，我開始接到一些電話和電子郵件，我都沒有理會。我腦子裡想的是，爲什麼要如此低調的安排自己的離去？爲什麼她最終還是選擇了回到童年的家鄉？

我和她合作過一張台灣歌謠的專輯《想要彈同調》，從兩百多首台灣歌謠裡挑選有歷史代表性的歌。我也替她寫過一首歌〈回家的路我會自己走〉，好像是預先爲了「此時此刻」的她所寫的。我的歌詞是這樣寫的：「不再說自己已經歷盡滄桑，往事不堪驀然回首，不再說世事總是變化無常，到頭來還是夢一場。天涯的路還沒走完，你說你想陪我走一段，也許這樣也好，可以彼此增加一點溫暖。不再說自己曾經受過傷害，生活累得爬不起來，不再說自己如何如何的悲哀，連夢也飛不起來。回家的路我會自己走，謝謝你不虛僞的溫柔，謝謝你給我安慰和那熱情的手。啊！朋友！不需要爲我而耽憂，回家的路我會自己走。」

我遇到鳳飛飛的時候，她已經成了母親，和年輕時候的清純可愛俏皮比起來，多了一種慈愛、溫柔和堅毅。或許是因爲對同時代人的了解，我總是會看到她比較隱藏、壓抑、倔強的內心世界，就像此時此刻她所作的決定一樣。所以當初她向我要求寫一首歌的歌詞給她唱時，我很快就完成了這首歌。這首歌雖然不是她唱的歌裡面廣被人所熟悉的，但卻成了「此時此刻」我單獨可以獻給她的告別曲。

這時忽然有同學點了一首鳳飛飛的成名曲〈掌聲響起〉，我立刻站起來說：「我們就用這首歌來紀念鳳飛飛好嗎？」我拿起了麥克風自顧自的大聲唱了起來：「孤獨站在這舞台，聽到掌聲響起來，我的心中有無限感慨，多少青春不再，多少情懷已更改，我還擁有你的愛……」音樂帶上鳳飛飛的畫面不停的浮出來，一個十五歲就從家鄉出來的小女孩阿鸞，不斷用歌聲攀登人生成功的高峰，也許她內心眞正想要的，其實和一般平凡的女孩是一樣的，玩具、旅行、愛美、愛人、被愛、親情、愛情……我忍不住濕了眼眶。

那天夜裡，我點了一堆很老很老的台灣歌謠，都是我童年時代，走在上學的巷巷弄弄時聽到的，黃昏的故鄉，媽媽請你也保重，媽媽你也眞勇健，墓仔埔也敢去……同學們會唱的很少，就我一個人唱啊唱的。那是我對外探索、感到好奇新鮮的童年。外面的世界怎麼和自己的家裡完全不一樣呢。我想起當初和鳳飛飛合作出台灣歌謠專輯時，我替那張專輯寫的話：「讓我們用歌聲來感覺彼此的存在，並用故事來尋找一個世紀的記憶。」

離開KTV的時候，我撿起被丟棄的「鳳飛飛病逝」的號外，小心翼翼放進自己的背包裡跨步走出大樓。門外阿禮正抽著菸，和大夥商量後天再去平等里繼續唱歌的計畫，我聽到他紅著臉粗著脖子，大聲說：「能多聚一次算一次，人生嘛……很難說的。對不對呀？」我看著站在門口大聲喧嘩的「老師們」，覺得內心深處有個地方被觸動了一下，久久不能平息。

「保重啊，各位。」我揮揮手先行離去。

今年三月，我們新加坡見

夜裡回到家開始整理行李時，忽然開始慌了起來。原本以爲四天三夜的新加坡之行，只不過是在小行李箱塞幾件衣物，第二天清晨就可以動身出發了。此行也不過就是去和一個多年不見的老朋友碰個面而已，所有的機票旅館都是別人代爲訂好了，我唯一要做的事情就是將自己從台北送到新加坡，人到就好。可是，爲什麼我忽然緊張起來。

新加坡是夏天，我夏天的衣服全都收起來了。還有，我得想清楚要穿哪一套衣服去見老朋友比較妥當，因爲那個老朋友可是很有品味的，而且我們見面方式是要在眾目睽睽之下進行。兒子送我一台全新的照相機，原先計畫在這趟行程中正式啓用，結果發現新的電池尚未充電。結果就這樣反覆思量，弄了一整個晚上直到天亮，眼看就要出發去機場了，我坐在地板上，急得想放聲大哭，我到底是怎麼啦？我這才發現，我是多麼在乎這一次能和老朋友在異地重逢，雖然他已經離開人世快四年了，還好能留下那幾部讓人百看不厭的電影讓我慢慢回味。

新加坡國家博物館爲已故的楊德昌導演辦了一個爲期十二天的回顧影展，他們邀我去參加其中一場對話講座「一起革命的日子」。爲了這一次的「重逢」，我答應主辦單位趕寫一篇關於楊德昌的文章。我告訴自己說，就當成是一封寫給老朋友的長信吧，挑一個晚上寫到天亮。已經很久沒有這樣一口氣寫到天亮的經驗了，過去只有在寫電影劇本時才會這樣拚命。於是我重溫了通宵達旦的寫作方式，寫了一封四二八三字的信「快手阿德」給我的老朋友，過去我們常常用這種古老的方式溝通，這次也不能例外。

我們曾經爲了「台灣新電影回顧展」一起來過新加坡，那一年我三十七歲，楊德昌四十一歲，同行的還有那個時代所有的年輕戰友們。我手邊有一張當年我們在新加坡廣播電台內接受訪問的珍貴照片，我的領帶已經扯開，雙手抱在胸前；朱天文低頭斯文的摸著一口沒喝的茶杯；侯孝賢瞇著眼微張著嘴望著正在滔滔不絕的瘦皮猴吳念眞；穿著白西裝白襯衫的楊德昌，靜默的端坐在略略黑暗的角落裡；二十三年前我們要回顧的，是那個像煙火同時在夜空綻放的璀璨青春。二十三年後，當我獨自搭著飛機去新加坡參加這場只有楊德昌一個人的電影回顧展時，望著機艙外的白雲，想到了年少時唱過的那首藝術歌曲：「更闌人靜倚窗望，孤星寒月雲裡藏，景物依然心神往，斯人何在問穹蒼。」年少時喜歡強說愁，白了少年頭之後，再唱這首歌時何止是一語成讖，簡直是字字都成讖了。那張照片中穿著白西裝白襯衫的楊德昌，已然隱沒在黑暗的角落中不知去向，而我們活著的人啊依舊滔滔不絕的說著話，好像只是爲了證明自己還存在這世上。

四天三夜，我在睡眠不足昏昏沉沉的狀態下，穿梭於新加坡的旅館和博物館之間，除了那場和鴻鴻一起的座談會外，剩下的時間我都沉浸在戲院內，重看四小時版本的《牯嶺街少年殺人事件》和《一一》，也看了在九十年代錯過的《獨立時代》。當年楊德昌在拍《一一》的時候，特別允許一位年輕人進到他的拍片現場拍攝關於他的紀錄片。這個年輕人在正式成爲一個紀錄片導演後，才將這部非常珍貴的紀錄片完成，距離拍攝時已經又過了十年。

這是我第一次聽到楊德昌用英語侃侃而談他對人生和創作的諸多想法，他比國語流利許多的英語讓我想起他曾經說，他是一個用英語思考的人，所以用國語表達會結結巴巴的。這一刻我才完全了解，原來用英語思考其實代表的是楊德昌在思想、觀念上已經徹底的西化，但是骨子裡最深沉的文化，卻還是來自故鄉台灣的。這種矛盾和衝突造就了他在創作上，迴異於同時期的其他台灣導演。他承襲了當年五四時期的批判精神，對自己所處的時代和文化，毫不留情的提出了嚴厲批判，難怪他會覺得自己很寂寞。

雖然我們曾經是長期並肩革命過的戰友，可是眞正認識他，卻是在這場新加坡博物館辦的回顧展，我發現他不只是憤世嫉俗而已，他比我想像的溫柔、多情和幽默。

他的作品越看越深刻有趣，我在戲院裡流下了很多眼淚，但是，已經來不及親口告訴他了。

窗外幻想的風

我必須很誠實的說，我一直都不是瓊瑤小說迷。甚至於連讀者都不算。

我從很小就被不斷的告誡凡事要務實，更不斷被提醒，人不要有夢想，而幻想更是最糟糕的事情，所以大人習慣用夢想和幻想當成「否定」的字眼。每當我有一個發自內心的欲望升起化成語言後，得到的回答通常是：「你少夢想了。這只是你的幻想。」吃喝玩樂是壞事，愛情？算了吧，別沒出息了，沒有用的男人才會相信愛情。我從小被要求看的課外書的作者是海明威和托爾斯泰。

第一次觸碰到瓊瑤的小說是《煙雨濛濛》。到底是幾歲在什麼情況下觸碰到這本書我已經忘了，因爲對我而言那是件非常禁忌的事情。我有個感情豐富、對文學充滿熱情的二姊，那本書是她向同學借回家看的，我基於好奇心，從她的書架上摸出來躲起來偷看。至今我都還記得當我讀到其中一段時，整個人竟然有了「激烈」的反應。記得書裡面要考大學的女主角依萍以復仇爲出發點挑逗著認眞的男家教書桓，可是卻有點假戲眞做的愛上了對方。那天書桓送依萍回家途中，忽然將她拉入懷中狂吻，書中描寫依萍的反應是「熱流衝進頭腦和身體、心不受控制的猛跳著、天地萬物混沌一片。」天哪，正值青春期的我竟然也有相同的反應。可是另一個聲音從耳畔響起來：「少幻想了，愛情才沒那麼偉大哩。」

後來姊姊又借了一本《幾度夕陽紅》回家，我迫不及待的又偷看起來。這本書比上本書厚很多，而且裡面多了很多詩句，像「風中柳絮水中萍，聚散兩無情」等等。我邊讀邊注意書中的男女主角會不會「單獨散步」，因爲那就可能會有接吻的機會。果然又被我等到了。《煙雨濛濛》裡書桓是替依萍披上圍巾，在《幾度夕陽紅》裡黃昏散步時，慕天替夢竹披上的是夾大衣，那就表示快要接吻了。書中描寫那種壓抑很久之後爆發的吻比《煙雨濛濛》還纏綿。就只是一場接吻，書裡面花了很多的篇幅形容那種戀愛的感覺：「風在吹拂、月在移動、水在低唱……」我的耳畔又響起了那個聲音：「只是風花雪月啊，快回到現實來準備明天的考試吧。」如夢如幻的愛情啊，並不屬於我所處的殘酷冰冷的世界，有時候我們還得譏笑它一下，表示我們的寡欲和清高。

就讀師範大學生物系時，有一次考完大考後心情很壞很壞，逛進附近的明星戲院想換個心情。當時正上演一部由導演李行和編劇張永祥改編瓊瑤小說的電影《海鷗飛處》，由甄珍和鄧光榮主演。在這之前我沒看過太多國片，也從來不曾看過瓊瑤小說改編的電影。那時候瓊瑤電影已經像她的小說一樣是票房保證了，瓊瑤非常堅持她的原著精神，連編導都不敢輕易修改她寫的對白。不過那時候的大學生並不流行看國片，何況我已經發表一些小說，勉強算是個新銳作家，去明星戲院看國片，頭還得壓得低低的。可是沒想到，當我看到兩個相愛的人竟然互相折磨，最後又不能相見，當主題曲響起時，我竟然哭得連戲院都走不出去。擦乾眼淚走出戲院時還安慰自己說，大概是因爲考試考壞了吧。我總是不願意承認藏在自己內心深處那種很想被愛或是想愛人的欲望，被瓊瑤的電影輕易就挑動了。

其實瓊瑤的小說曾經扮演了在當時思想保守僵化的學校外的另外一個學校，這個學校就在教室的窗外。當一個胡思亂想的學生，厭煩了課堂裡千篇一律的那套教條，忽然眼睛一亮，她看到了窗外不一樣的風景，也許是充滿幻想的風，吹掉了一個路過的小孩的帽子，也許是一隻鳥飛到窗前叫了兩聲，甚至只是一片落葉發出了一聲嘆息。

窗外的那所學校，教孩子們要學會幻想和夢想，學會愛。其實，那並不是件壞事。

愛的教育

在上個世紀九〇年代初，全台灣掀起了教育改革的浪潮，我畢業於台灣師範大學，在贊成改革的陣營中算是異類，當然，在全都是「中學老師」的大學同班同學中更是，甚至我們還有過誤會，弄得立場很尷尬。

後來的發展是師資來源終於從原有的師範體系改成另一種師資甄選方式，但是隨著台灣出生率的下降，學校招不到學生，流浪教師越來越多，這個「改革」不但沒有得到讚美，反而罵聲不斷，經過多年的風風雨雨，大家都說教育改革越改越糟。回到當年主張改革的初衷，其實是重新探討「人爲什麼要受教育」和「孩子爲什麼要上學」，而不只是教育鬆綁或是一綱多本之類的表象改變。

從師大畢業後，我被分發到新北市半山腰的五股國中，在整個大台北地區來說是一個相對弱勢貧窮的學區，學生有一半是家長務農的子弟，有一半是來自家長官階不高的眷村子弟，還有家長是住在海邊違章建築裡的難民的子弟。我當時是全校第一個來自師範大學的老師，我滿懷教育熱忱的展開我的教育工作。雖然我被分配當導師外，還要教國一（七年級）的數學和國二（八年級）的化學，而且也要面對能力分班的問題，但是我企圖做最大的資源整合和分配。針對導師班，我先建立圖書室鼓勵大量課外閱讀，公民課我不訓話，鼓勵孩子分組辯論，我也組織籃球隊和其他運動隊伍，每逢週末週日，我帶學生去爬學校的後山，讓他們接近大自然，我教他們抓蝴蝶做標本，吹著山風討論著數學。我的教學方式盡量輕鬆有趣，在上化學課前我會先教學生唱英文歌〈離家五百哩〉，然後我就開始原子核和質子、中子、電子的關係，用家和家人的關係，講解帶正電或是負電的離子。

針對能力分班的化學課，我採用兩套教材，難的和簡單的，在要被「淘汰」的班級我教簡單的，但是也把難的分發給同學，讓那些想力爭上游的同學有機會學習，我開放時間讓他們來問我問題。我還回到師範大學借了很多教學影片，包括性教育影片，找機會放給學生看。看到我那麼熱情和拚命，坐在我隔壁的老師指著外面留著長髮抽著菸的青少年說：「這就是這些孩子未來的模樣，是沒有希望的。你別浪費力氣了！」

三十年後，當我又遇到了那一年我教過的孩子們，他們就和其他學校畢業的孩子差不多，有的當了醫生、大學教授、工程師、台商、攝影記者、公務員。當我們聊起那段相處的學校時光，一個工程師說他也會帶他的孩子上山捉蝴蝶，是因爲受到我的影響。一個大學教授對我唱著一首用聖誕歌改的化學元素表，他說我上課第一天就教他們唱的。一個台商說，他最難忘的就是我在教室放性教育影片時，大家都去把窗簾拉起來，以為是要集體看A片。還有一個紀錄片導演說起我帶他們在大雨裡打籃球，被家長來學校抗議的事情。還有一個女生原來是被分在後段班的，她說她最感謝我沒有放棄他們，把那一份教前段班的教材給了他們。我想起了這個學生，她常常在下課來辦公室找我討論問題。他們記得的，都是這些改變他們觀念和有趣的事情。

這就是我心目中理想的教育。老師要先用自己的熱忱感召學生，讓他們看到什麼是熱情，什麼才是生命中最重要的事。我在意學生們學習時的公平性、自主性和互動性，也強調跨領域的知識，文學、音樂、科學、體育，每種知識都不是單一存在的，我要讓孩子對各種知識都感到新鮮和好奇。每個孩子出生後，原本都對這個世界充滿了好奇，教育就是要延續和滿足他們這份對外面世界繼續探索的心，偏偏我們過去的教育，全都是朝著相反的方向進行，用無窮無盡的填鴨、補習、考試、體罰，快速消滅孩子們對外面世界和知識的好奇和探索，讓學校像軍隊和監獄一樣，限制、綑綁了孩子們原本可以飛翔的心靈。這就是當年教育改革的初衷。後來我用《第三代青春痘》和《第五代青春痘》這兩本小說來表達我對教育的完整看法。

「哼，什麼愛的教育？屁啦。」我常常聽到大人這樣憤怒的言論，心裡不免會想，如果教育的本質不是愛，那又是什麼呢？

海星和飛機

那是我們師大生物系的師生二十九人，最大規模的離島生態調查和標本採集的第三天，每個人都被曬得脫了一層皮。

女助教指導生物系的學生們記錄著當時澎湖西衛海灘的環境和狀態：「七月十六日下午四時，馬公鎮西衛。沙岸。退潮。平靜無浪。採集處水不及膝。海水酸鹼度七．六。水面溫度攝氏三十二度。水裡有馬尾藻、團扇藻、蕨藻、綠藻、綠色種子植物。有牡蠣和蚌。」「請注意牡蠣和蚌。那表示會有海星，因爲牠們是海星的食物。」女助教提醒著學生們繼續觀察。

我永遠記得當時的情景。那是一種海水退潮後，黃昏漸漸來臨的一種寧靜和平和，天空和海水一樣的藍，藍得透明藍得純淨，空氣中沒有海邊慣有的腥羶，反而有一種淡淡的清香。還有一年我們就要從這所大學畢業了，未來如果沒有太大的變化，我們都將會是中學的生物老師，繼續帶領著中學生探索著生命的奧秘。

對於未來並沒有太多的徬徨，就像此時此刻的感覺，內心是寧靜平和的，就在這樣的心情和氣氛中，海星出現了。這群海星移動的速度很快，牠們靜悄悄的來到了我們的腳邊，不是幾隻而已，是一大群，是一整個沙灘。就像密布在天空的繁星點點，閃爍著不同的光芒和亮度，牠們有著不同的放射足，從三條、四條、五條、六條到七條，這個原本安靜的沙灘忽然被海星照亮了，瞬間熱鬧了起來。

「哇──海星！」同學們大叫了起來，大家忙著用水桶去裝海星。「以後上課每位同學都可以分到一隻了。」女助教也跟著很歡樂的喊叫起來。不過她也提醒同學們說：「抓滿兩桶就夠用了，其他的海星就讓牠們代代相傳吧。」後來我們七嘴八舌的查著有限的資料，初步判定這種海星是屬於砂海星科的蝦夷砂海星，也有人說是無地海星。系裡面的動物標本都太陳舊了，許多還是從大陸帶過來的，這次的豐收讓系裡的本土標本大大增加。

我永遠無法忘懷那年夏天，那個快要接近黃昏的時刻，二十二、三歲的我們，捲起褲管站立在西衛沙灘發現成群結隊的海星出現的時光是多麼美好。

同樣是七月十六日的那一天，距離發現海星整整隔了十四年，有一個大氣球在西門

町的眞善美大樓升空，那是解嚴時刻，我和我的夥伴們辦了一份電影刊物《長鏡頭》，宣示我們對台灣電影的理想和願景。這十四年來，我早已不是一個在學校教授生物科學的老師了，我改行從事電影工作和文學創作，那一年，我三十六歲，除了電影和文學創作，我還在電視台主持一個報導台灣電影的節目，當時正爲了尺度問題，面臨被修剪或停播的命運，我已經有「不如歸去」的情緒了。

升空的大氣球在午後大雷雨過後就破了，落在西門町眞善美大樓的頂樓，彷彿暗示我們的理想即將破滅。那一刻，我忽然想起了澎湖西衛海灘的海星，那是我的青春和我的夢想。於是我請了幾天假，帶著從來沒搭過飛機的父母親和家人重返澎湖，想再看看藍得透明藍得純淨的西衛沙灘，看看會不會再遇到海星，在我的生命裡，那是海星的故鄉。

在那幾天的旅行中，我不斷接到從台北打來和我商量要如何應付的電話，我處在莫名的焦慮不安中，最後終於發起燒來。期待著和我們一起搭飛機旅行的父母卻是開心的，他們期待和兒孫們共同旅遊已經很久了。兒子和女兒是開心的，因爲他們快樂得在沙灘上撿貝殼追逐著浪潮，他們從來沒見過那麼白的沙灘，那麼藍的海水，還有那麼多的貝殼。「要注意看看有沒有海星出現。」我對著孩子說著自己當年發現成群結隊的海星出現的奇觀。爸爸聽我對孩子說著生態和生物的知識，笑著說：「我眞的很羨慕你能對著孩子說這些我都不懂的知識。」

雖然這一次我們沒有和海星相遇，可卻是爸爸和媽媽第一次搭飛機出遊，也是爸爸最後一次搭飛機。從此媽媽瘋狂的迷上了搭飛機。爸爸離開人世後的十年間，她每年都會要求我們帶她搭飛機去某個地方旅行，她說一定要能搭飛機的那種旅行，她說她好喜歡飛上雲霄的感覺。

媽媽看到了天上的飛機，就像當年我看到潮間帶的海星一樣，都是對另一個奇妙世界的嚮往和想像，一種靈魂深處的悸動。

六月夫妻

那年初夏我的夢特別多，不管是好夢、怪夢或噩夢。醒來的時候，總覺得現實的人生被這些比現實人生還眞實的夢給拉得更長了。

那天清晨，我作了一個怪夢，夢中的世界是男人和女人都可以懷孕，而我竟然懷孕了。我的小腹微微隆起，醫生建議我說，要多接近異性，對胎兒的成長會有幫助。嬰兒出生後非常小，小得像玩具一般，我和一個老婦人躺在地板上聊天，聊得很起勁，竟然忘了有小嬰兒這件事情，後來發現小嬰兒竟然被一隻巨大的老鼠咬死了。我從夢中嚇醒，噩夢就像是經過了一場夜雨之後的晨光中那隻停在窗外的巨大皇蛾，濕漉的翅膀上，還有一對大而空洞的假眼睛。

那天上午，我逛進了很久沒去的富陽生態公園，發現入口步道上的那棵水桐木下有兩個人拿著攝影機守候著，原來是在水桐木的頂端有一個很結實的杯狀鳥巢，是一對黑枕藍翁夫妻的家，裡面已經有幾隻嗷嗷待哺的雛鳥。已經枯死了的水桐木被工程單位用

黃色的警戒布條圍了起來，據說在近日內就要被砍掉了。

「總得等到這些小鳥能自己找食物以後再砍掉吧？」我自言自語的說著，高瘦的生態攝影者聳聳肩說：「他們沒有那麼細心吧？」

「這幾天都是午後雷陣雨的，這個鳥巢怎麼撐得住啊？」我又問了很笨的問題。

「當然可以，牠們本來就有這種能力。」矮胖的生態攝影者舉起攝影機拍著剛飛回來的母鳥。

那天下午大約四點鐘，午後雷陣雨又準時報到了，我忽然有一股莫名的衝動，穿起雨衣撐著傘走去離家不遠的生態公園入口處，我渴望親眼目睹這對黑枕藍鶲夫妻是如何保護這個小小的鳥巢和脆弱的雛鳥的。我站在水桐木下仰望著在暴雨中所發生的一切。原來這對六月夫妻是分別去覓食的，所以不管是什麼時候，每分每秒一定有一隻會守護著鳥巢，用身體斜斜的壓在鳥巢的上方，像個蓋子般將鳥巢緊緊覆蓋著，雨水就順著牠們身上的羽毛流下去。當找到食物的那一隻回來後，兩隻鳥就會在接近鳥巢的空中，瞬間交換工作，動作之快，讓人來不及看清楚。找到食物的鳥就繼續護著鳥巢，一邊餵著雛鳥吃蟲。

我忍不住想起我那對大半輩子都活在貧窮匱乏中的父母親，多少血淚交織而成的煎熬委屈的白天，多少貧困交相逼迫的不眠不休的夜晚，而我們，就這樣個個羽翼豐滿，振翅遠走高飛了。我也想起了大學四年生物系的課程裡，竟然沒有這種近距離的本土鳥類的觀察和研究，我們大部分的時間都關在實驗室裡做著實驗，對自己的環境一無所知。我又想起了那個我懷孕後生出的小嬰兒，卻被老鼠咬死的噩夢，那似乎是不祥的徵兆。我仰著臉，分不清面頰上流淌的是熱熱的淚或是冰冰的雨。大學讀了四年生物系，我不曾有過這樣想要近距離觀察鳥類生態的衝動和熱情，此時此刻的我，卻急切的想看到這一切的過程。

幾天後，那株水桐木果然被砍掉了，只在碎石子地上留著樹根的遺跡，我環顧四周，那對六月夫妻早已不見蹤影，那些羽翼未豐的雛鳥呢？是被那個森林的惡魔吃掉了吧？就像噩夢中被巨大的老鼠吞噬的小嬰孩一樣。

這個世界怎麼是這樣的？我蹲下身子撫摸著地上殘留的樹根，久久久久起不來。

局外人

我從來不是所謂的文藝青年。雖然十一歲的時候，被老爸規定閱讀很多的文學名著，但是為了要應付讀完後必須要寫的閱讀心得，我養成了至今都很難改掉的壞習慣，那就是才開始讀了幾頁，就迫不及待的翻看結尾。因為當時的我，只想應付閱讀心得的寫作，就可以結束閱讀自己無法理解的文學名著的折磨。所以那些文學名著對我而言，好像醒來後忘得一乾二淨的殘夢，我幾乎想不起任何人物或是情節。

讀高中時，我練跆拳、跑長跑，讀大學時加入國術社，我只想當一個很陽剛的科學家。所以當我二十二歲成為別人口中的「青年作家」時，我很心虛，那時候我還在師範大學讀生物系，所以，後來在我的第一本書《蛹之生》的序上，我寫著：「是青年，不是作家。」所以，其實我是在對文學還沒有太多領悟或感動時，就匆忙粉墨登場，也莫名其妙的成為暢銷作家。我沒來由的心虛不已。對於自己寫的書籍忽然大大暢銷這件事，我甚至於覺得其實是狗屎運，我的自卑感有增無減。於是我努力想寫出高水準的文學作品，結果在一次全國性的文學獎中得了首獎，但，還是有點心虛，只因為也有評審不以為然。

我從來也不是熱愛電影的影迷影癡。雖然我從小喜歡跟著媽媽去看各式各樣的電影，但是媽媽看的電影往往不是我那種年齡適合看的，恐怖的《夜半歌聲》，悲慘的《故都春夢》，打得昏天黑地的于素秋和蕭芳芳的武俠片，排遣了媽媽在沉重家事以外的無聊歲月，也消磨了我逃避讀寫功課的空白時光。所以我躲在戲院椅子底下玩耍的時間，好像比乖乖坐在椅子上的時間還多。我很害怕看到《夜半歌聲》裡男主角趙雷被毀容的臉，也害怕聽那首像鬼哭神號的主題曲：「風淒淒雨淋淋花亂落葉飄零……我形兒是鬼似的猙獰……用什麼來表我的憤怒唯有那江濤的奔騰唯有這夜半歌聲……」

我童年記憶裡的電影盡是這些鬼魅悲悽光怪陸離的影像，我又怕又愛，愛的只是可以暫時躲掉更無聊的現實人生。很多年以後，在很偶然的機會中，有一家私人電影公司的老闆看中了我的一篇小說，覺得很適合改編成當時正流行的「三廳電影」，並且鼓勵我自己動手編劇，於是我又和當時還很景氣的電影圈有了接觸，於是又在一次沒有準備好的情況下出手，結果票房不壞，但是我心裡明白在二秦二林的時代，誰來當編劇都差不多。我萬萬沒想到後來我會進了全國最大的電影公司，當了八年的電影公務員，把人生最黃金的歲月都耗在電影上了。

這一路走來，我寫了八十本書，三十個拍成電影的劇本，參與企畫製作和行銷的電影、電視劇更是數不清。可是我老是覺得自己和這些行業的人格格不入，我永遠像是個冷眼旁觀的局外人，也好像是個剛從大學畢業的學生，望著前方五光十色的花花世界，眼花撩亂，不相信自己早已身在其中。

這種局外人的感覺到我最近重新面對自己過去所寫的小說和散文後，才有了新的領悟和發現。其實我一直活在某種奇特的矛盾中，我無法面對眞實的自己，我總是設法要用各種方式，將自己拉離某種極度敏感或感懷悲傷的狀態，唯一的方法就是將自己變成一個局外人，適度壓抑掉過度的狂熱，維持著最後的理性。否則，我早已被自己的沉溺和狂熱徹底摧毀。

莫迪里尼亞和倒立先生

在傳說中的世界末日的一星期後，我來到高雄市立美術館看義大利的傳奇畫家莫迪里尼亞的畫展。高雄正下著細雨，司機介紹著這一帶說：「這裡是高雄西區最靠近左營的高級地段，阿扁他們就在那棟大樓買了兩戶。」我順著他的手指望出去，只見陰陰的天空連一朵白色的雲都沒有。在傳說中的世界末日的一星期後的南台灣，我頂著雨傘走進了空蕩蕩的美術館，我想尋找莫迪里尼亞的蹤跡。

或許是我造訪的時間不是假日，或許是梅雨的天氣，整個美術館的參觀人數不到十個人，分散開來會有一種寂寥荒涼的感覺。只活過了三十五年清苦、難堪、潦倒的藝術家生涯的莫迪里尼亞，畫作原本就不多，素描和相關的照片資料檔案倒是很齊全，還好有一些同時期的畫家朋友的作品陪伴著他，還可以想像著他的創作生活中難得的友情和愛情。我發現美術館還有其他的展覽，於是我上樓之後，在一個角落發現了倒立先生的攝影作品。

一個赤裸著上身倒立在台灣許許多多不同的角落的男子，我們只能看到他壯碩的背部和結實的四肢，卻看不到他的表情，於是我們就會很自然的讓自己的視野延伸到照片中的環境。環境往往也充滿著各種表情的：孤寂的島嶼，沉默的海洋，無奈的垃圾，慌張的車陣，哭泣的落日，微笑的稻田。照片中的男子除了倒立還是倒立，我們無法了解他到底在想什麼，只知道他看到的風景和我們看到的，正好是倒過來的，或者他看到的比我們看到的更寬更高，從照片中的風景向四周無限的延伸……

忽然覺得這樣的感覺和莫迪里尼亞的作品竟然有神似之處。莫迪里亞尼喜歡畫沒有眼珠的女人，她們看世界的態度和有眼珠的人不一樣，或許她們根本無視於這個世界的存在，有一種冷冷的漠然和高高的傲慢。莫迪里亞尼也喜歡讓裸體女人身體的某一部分在畫作之外，讓作品有一種在視覺上自由向四周延伸的想像。他的作品關不住裸體的女人，也擋不住觀賞人的視野。這眞是一種奇妙的巧合。就像倒立先生看到的世界和我們看到的是相反的，而我們看到的世界裡又因爲多了一個倒立先生插在整幅風景的某個角落，產生了另一種魔幻和荒謬，讓這個世界更眞實的存在。

三個月後，我竟然在台北遇到了攝影作品中的倒立先生，他在敦化南路上的一棟二十多層高的辦公大樓的頂樓邊緣倒立著，頂樓的風很強勁，他毫不猶豫的倒立著，看著不遠處的一〇一大樓，他無畏強勁的風，兀自矗立著，那一刻你忽然覺得他彷彿比一〇一大樓還高。我們的想像和視野開始向四周延伸，大樓的每一間辦公室裡的上班族正打著電腦正在說人閒話正開著會正喝著咖啡正聽著音樂，那一個個被囚禁在固定框架裡的腦袋和思想，尤其是偏見和成見。倒立先生就只是倒立著，定定的看著他們，無畏高樓的強風。

倒立先生很年輕，只和我的女兒一樣大，他計畫要環遊世界，去到世界不同的角落倒立然後拍照。有人說，他的夢想太大，行爲太瘋狂。可是他無畏這些屬於大人們的經驗法則，他勇敢的出發了，只因爲，他正青春。

輯

如何與大自然愉快相處？

「眞是了不起。」我由衷的讚美著。我親眼目睹小男孩的父母親在工程結束後，帶著小男孩在昏黃的燈光下，將所有沾滿爛泥的工具一件件慢慢洗乾淨。我默默的看著這一家人，內心燃起無限的敬意。這，才是眞正的教育。

走近之後，我就是他

回到初始的狀態

連日的大雨過後難得有亮燦燦的陽光，我把洗衣機裡的衣服全都曬起來後，忽然想到，下一步最應該做的是去曬曬自己。我刻意留下了手機，雖然這是個錯誤的動作（爬山時最好是帶著手機，以免發生意外時無法對外求援），但我忽然很想做一次很小的「冒險」。我希望這次能「靠自己」發現台北樹蛙。

第一次是在夜裡，在「天堂角落」進門處的廁所後面蹲著一個男人，原來他在一棵姑婆芋的葉子上面發現了一隻醒的翠綠色小樹蛙，那次我第一次用手機拍到台北樹蛙。第二次是在登山前那條排水溝，隔著陰濕的水溝低矮處的葉面上，有三隻還在睡覺的樹蛙縮成一團，幾個帶照相機的人在指指點點的，我還差點看不出來。第三次是在濕地的樹叢，有個小男孩正認真的觀察著一隻睡著的樹蛙，又拍照又畫圖，我就跟在旁邊觀察著。

我一直無法「靠自己」發現樹蛙。爲此我很氣餒，我想出了原因。我一定要將自己目前的身心狀態調整到像一隻樹蛙，將自己融入這片森林中，身體輕盈的可以停在一片姑婆芋的葉片上。只有同類才會發現同類。當然，我失敗了。我還是我，沒有變成樹蛙。我發現原本濕地上美麗的香水蓮、布袋蓮和散發著清香的野薑花都消失了，整個濕地只剩下黃濁的水和幾個放在水中的鐵籠子。原來從去年開始，有一種外來物種美國螯蝦開始入侵這個人工的濕地，牠們的繁殖力超強，可以將濕地的生物吃個精光，經過荒野協會組成的捕蝦大隊長期的捕捉後，已經抓到上千隻的美國螯蝦。

濕地又回到初始的狀態。

天堂角落裡的角落

我順著石階往上爬。這條山路沒有水泥，也沒有太多人工斧鑿的痕跡，由石塊、木材、樹幹和暴露出土面的樹根構成，沿途有梵谷名畫中的鳶尾花，還有更多的蕨類，像筆筒樹、觀音座蓮、長葉腎蕨戳，森林的次高層有許多江某、構樹、香楠、血桐等，森林最高層的巨樹是相思、烏臼、雀榕。

我很快就爬到福州山的涼亭了，我一個人坐在涼亭裡喝點水看點書，如果不是因爲涼亭的鐘，時間在此刻是消失的。我繼續往西北的方向走下去，經過櫻花步道和台灣欒樹森林，還有一些楓香，這些植物排列整齊，是後來才種植的台灣原生種植物，水泥山路的盡頭有個通往中埔山的指標，這就是即將由四個民間環保團體一起動工的「櫻花手作步道」的起點，我決定親自走一遍。連續幾天的大雨使得這條山路泥濘不堪，沿著山路有幾株香蕉樹和櫻花樹，偶爾還可以看到幾片白色瓷磚，那是過去的墓園留下來的遺跡。我往山中走去，久久不見一個人影，心裡有點毛毛的，萬一在山裡迷了路怎麼辦？

然後，我發現了一個略略凹進去的角落，那裡有附近居民自己搭建的三個長形的竹椅，我可以在這裡休息一下。這裡有很多棵香蕉樹，我很舒服的坐在長長的竹椅上，暖暖的陽光正好落在對面的長竹椅上，應該讓陽光曬點什麼東西才好。於是我脫下了外衣和內衣，把已經濕透了的內衣晾在竹椅上分享陽光。當我喝點水正想看點書時，發現地面上有一隻晶瑩剔透的寬腹螳螂，是經過幾次蛻皮後的幼蟲，淡青色的身上還沒有長出翅膀，牠的尾巴卻翹得很高，前後規律的抖動著，好像正進行著一種神秘的祭拜儀式。牠似乎是剛剛才從某種生命狀態離開，正要進到下一種新的狀態。牠從舉步維艱慢慢加快了爬動的速度，朝向一棵山黃麻爬去。我經過漫長的入山沉澱後，終於把自己變成了一隻螳螂，所以，我看見同類。我在這個天堂角落裡的角落，度過了一個寧靜的下午。

一個星期後，當我再度來到這條步道的起點，步道兩端已經拉起了繩子，標示了五天後「櫻花手作步道」的工作分組。我再度從落滿櫻花的步道出發，說也奇怪，走了很久很久，竟然沒有找到上次發現寬腹螳螂的那個有竹椅的角落。此刻腦袋立刻跳出〈桃花源記〉的經典名句：「忽逢桃花林……芳草鮮美，落英（櫻）繽紛，漁人甚異之……」我不信邪又從山頭走回原路，還是沒有找到那個角落。

櫻花步道前的敬山禱詞

清晨天空飄著細雨，所有參加這次「手作步道」的志工們，在櫻花步道的起點擺放了水果和隨手撿拾的自然物，由我帶領著大家朗誦著前幾天寫的〈敬山禱詞〉：

敬愛的山神：

感謝祢讓那麼多不同的動物和植物在祢的懷抱中快樂成長，也感謝祢讓我們能親身體驗萬物欣欣向榮的喜悅，分享它們的幸福。過去，我們常常爲了自己的方便，輕易傷害了祢，弄痛了祢。以後，我們會用更溫柔更體貼的方式對待祢。

現在，我們向祢保證，我們會用自己的雙手保護祢、安慰祢。請接受我們用最虔誠的心建立台北市的第一條手作步道，我們會很小心，很小心，希望不會弄痛了祢。現在，請祢接受我們獻上的鮮花水果和食物，也請祢保佑我們順利完成這條手作步道，保佑我們大人身體健康，保佑孩子們快快樂樂的長大。

李嘉智老師將三十個志工們分成兩組，一組是要開挖步道前方截水溝的「地獄組」，另一組是負責整理步道的「天堂組」，結果大部分志工都想參加比較吃力的「地獄組」，而我毫不考慮的參加「天堂組」。除了由公家單位提供的碎石子和截水溝裡的原木外，其他的枕木、大石頭、紅磚、地磚、落葉、泥土都是就地取材，經過手工處理後再加以利用，透過對地形和當地動植物的觀察後，慢慢打造這條獨一無二的步道。這個手腦並用的過程會讓參加的志工們有成就感。

其實「天堂組」一點也不輕鬆。原來的步道是外部隆起內部低窪，我們的工作是把整條步道重新整理成內部高於外部，遇到了紅磚巨石還得挖出來，這樣的工作簡直像是在軍隊受訓時，爲了要消耗掉年輕力壯的士兵體力所想出來的方法。想起小時候每逢假日，爸爸就會要我們帶起斗笠和他一起工作，他很喜歡我們做些勞動的工作，挖水池、砌牆壁、做竹籬笆，我們總是找著各種藉口逃避勞動，然後爸爸就會發一頓脾氣。我也想著媽媽晚年住在福州山的山腳下的寧靜生活。八十歲的她，每天清晨五點鐘天還沒亮就起床，一個人順著山路慢慢的爬到山頂的涼亭，跟著陳老師學外丹功。爸媽都是意志力和自制力超強的人，一個是從得了肺癆病的家族中離開的倖存者，一個是從戰禍中冒險逃出來的小女孩，他們不斷教育自己的孩子們「生存大不易」的人生道理。

我發現志工中有個長得眉清目秀的小男孩，他戴著白色工程帽，推著載運石頭的獨輪車，看起來很快樂。「你不用上學嗎？」我問他，他說：「我媽替我請了假，她說這個工作比較有意義。」

「眞是了不起。」我由衷的讚美著。我也曾經替兩個孩子請過一些「奇怪」的假，帶他們去花蓮太魯閣玩，或是去河堤外守候冬天飛來的候鳥，去太武山看流星雨。大自然可以教我們的事，眞的比教室裡面多太多了。

最後，我還親眼目睹小男孩（他的自然名是「棘」）的父母親在工程結束後，帶著小男孩在昏黃的燈光下，將所有沾滿爛泥的工具一件件慢慢洗乾淨。我默默的看著這一家人，內心燃起無限的敬意。這，才是眞正的教育。

入空山帶寶藏而歸

寒流來襲的清晨，我獨自一個人默默的爬山。

漸漸的，我聽到了有人說話的聲音。在高處是三、四個人高聲談笑的聲音，在低處是一個寂寞的男人拿著收音機聽著一個男主持人正在訪問一位學者，談論著最近紛紛擾擾社會問題的沙啞聲音。在這樣空寂的山林間，我想起了小時候背誦的第一首王維的五言絕句唐詩〈鹿柴〉：「空山不見人，但聞人語響，返影入深林，覆照青苔上。」那是我人生中第一次接觸古詩，在簡潔的語言文字裡蘊含著無限的想像，當我們回到平淡的生活中，偶爾遇到某個詩裡相似的情境時，就會有一種和詩人相知的感動。

暖暖冬陽的中午，我帶了一本書想到山上去讀。

那本書是一位在瑞典擔任漢語教師的瑞典女作家，林西莉寫的《林西莉古琴的故事》。我快步走到一處木棧道，這一帶是爲了讓蟬的生態得以保存下來做的設計，最高的地方有一個可坐可立的瞭望台。我先讓自己伸展身子後就看著這本厚厚的書，整本書只寫一樣東西，就是被列爲世界文化遺產的中國古琴。於是我又想起小時候背誦的第二首唐詩，也是王維寫的〈竹里館〉：「獨坐幽篁裡，彈琴復長嘯，深林人不知，明月來相照。」另外也想起了另一首唐詩〈彈琴〉：「泠泠七弦上，靜聽松風寒，古調雖自愛，今人多不彈。」

一場綿綿細雨過後的黃昏，我又進入了這座山裡面。腦海裡又浮出王維寫的〈山居秋暝〉的前四句：「空山新雨後，天氣晚來秋，明月松間照，清泉石上流。」。又是空山，王維好喜歡用「空山」，山怎麼會空呢？除了人之外，山裡面的動植物可多著呢。就拿這座以生態教學爲主的山來說，有台北樹蛙、長吻白臘蟬、人面蜘蛛、復育成功的螢火蟲和許多種類的蝴蝶和鳥類，植物更是從姑婆芋到烏桕、香楠、山麻黃、九節木等。爲什麼詩人總是只看到空山呢？或許受到佛教思想的影響吧。詩不只是觀察而已，透過自己的思想、心境、體悟後，就超越了許多存在的表象了。

就在冬天要結束前的那幾天，整個島上的氣溫忽然上升，好像直接略過了春天來到了夏天。我們把所有的電暖氣收拾起來，直接換成電扇，彷彿宣告冬天的結束和夏天的到來，難道春天眞的消失了？元宵節去陽明山賞早櫻，許多櫻花樹還沒開花，賞櫻的人也不多。幾天後，我們又去木柵的貓空看杏花，杏花也是沒有完全開得像過去那般燦燦爛爛的，然後杜鵑花也悄悄的開了。這些花開花落，顯得那麼慌慌張張匆匆忙忙，只因爲春天已經快要在島上消失了。

秋天也是這樣的下場，看看台灣欒樹就好了。台灣欒樹在春夏時都是綠意盎然的，到了夏末秋初，黃嫩嫩的花全開了，可是很快就轉爲紅豔豔的果實，這些果實的顏色很快就轉爲暗褐色，整個冬天都是這樣暗暗的褐色。記憶中的台灣欒樹就是這樣綠色和暗褐色，各自代表了夏天和冬天，夾在其中的秋天匆匆不見了。

唐詩中許許多多傷春悲秋的詩句忽然都不適用於寶島台灣了，因爲這兩個季節在台灣快要消失了。

這一切都源自於讀小學時的某一個暑假，爸爸給了我一本《唐詩三百首》。爸爸規定我：「每一天背一首唐詩。從五言絕句開始。」我忘了爸爸有沒有解釋每一首詩的意思，反正就是在一天之中要我找時間背給他聽。我第一個認識的唐朝詩人就是王維。那些當時背誦過的詩已經過了快半個世紀了，我依然可以朗朗上口，像自己的血肉般成爲一體。

女兒讀小學的某一個暑假，我也鼓勵她背唐詩，不過我採取了相反的建議，從白居易的〈琵琶行〉和〈長恨歌〉開始。我的理由是這兩首敘事詩很長很長，有故事，有情節，有結構，有人生。強烈的節奏感讓人讀起來像是唱歌，對於人情世故的描寫讓人感受起來更像是戲劇，作爲一種文學的啓蒙，實在太棒了。女兒在很短的時間內就可以很完整、一字不漏的將這兩首很長很長的詩背起來，那一刻我不免有些疑惑，到底是女兒的記憶力和理解力超強，還是因爲白居易實在是跨越時空的天才？

記憶中的那個暑假，往往窗外是午後雷陣雨，我們父女倆就這樣配合著雨聲，手舞足蹈背誦著〈琵琶行〉：「大弦嘈嘈如急雨，小弦切切如私語，嘈嘈切切錯雜彈，大珠小珠落玉盤，間關鶯語花底滑，幽咽流景水下灘。」

記憶中的那個暑假，我和女兒背完了〈琵琶行〉就換〈長恨歌〉，我總是要裝扮成三千寵愛在一身的楊貴妃，扭著腰走著碎花步逗女兒笑，女兒雖然笑彎了腰，還是不停的背誦著，像是在唱歌：「春寒賜浴華清池，溫泉水滑洗凝脂，侍兒扶起嬌無力，始是新承恩澤時，雲鬢花顏金步搖，芙蓉帳暖度春宵，春宵苦短日高起，從此君王不早朝。」

趁著雨還沒落下來，我帶著一本關於赫曼．赫塞的書上山。上王維寫的空山，沒錯，就是一座空山，可以讓我把一切放空的山。但，我總是帶著寶藏下山，因爲我背過唐詩。

替我回羅山

我在黑暗中醒來，醒來前的夢很幸福。在夢中，我在辦公室裡穿梭著，正年輕的我還有很多的夢想等著我去實踐，我和忙碌的同事們有說有笑。牆上沒有鐘，床頭沒有錶，時間在黑暗中沒有刻度，彷彿就凝結在夢裡青春時光的這一刻。我只好打開手機看時間，黑暗中亮著幾個阿拉伯數字2009.07.22　05：35。我知道，這是羅山的清晨，我正睡在羅山的一個農家的房間裡面。我不想錯過羅山的日出，於是翻身起床，想繼續維持著夢裡年輕的心情。

「太陽已經從麥當勞的中間升起來了。」農家的主人謝先生笑著對我說：「你看，我們羅山到處都是綠色的麥當勞。」農家主人笑得很天眞，覺得這樣的說法很有趣。羅山不只是沒有麥當勞，羅山連一家小商店都沒有，可是羅山有的寶物在其他地方卻沒有。羅山村的人喝的水是直接由羅山瀑布流下來的，瀑布流經過麥飯石礦，水質鮮美還帶一點甘甜。羅山村種的米，在別的地方要一三九天會成熟，可是在這裡因爲日照短，所以要多十天才能收成，這多出來的十天，就讓羅山種出來的富麗米味道特別香，口感極佳。這是我今年第二次來到羅山村。

上次是元宵過後，幾家人相約開車到花東縱谷玩五天。一路從太魯閣、布洛灣、光復、瑞穗、玉里玩到玉山國家公園底下的南安，原來就要繼續往台東去，這時有人提議說：「去羅山走走吧。聽說那裡是台灣第一個有機村，是世外桃源。有很多有機的產品，像火山豆腐、愛玉凍、爆米香，我還從報紙上抄了一個農家的地址和電話號碼。」

於是三輛車往回走，黃昏前來到了羅山村的入口。遠遠望去在海岸山脈間有一條大瀑布，整個羅山村就分布在瀑布底下，那是秀姑巒溪的上游。從羅山村入口開始我就有一種很奇異的感覺，多麼雄偉、開闊、乾淨、平靜的一片土地啊。車子繞了很久的山路都沒有見到一個人。道路一邊是彼此相隔很遠，黑瓦白牆藍色窗框的農家，另一邊卻是緊緊相連著的綠色稻田，遠方是連綿無盡的山脈，視野內全是變化無窮的天空，雲在天空睡著午覺還沒醒過來。

我們終於找到了地址上的農家，門口寫著大大的名字，姓溫，可是家裡沒有人，東西散落一地。朋友用手機撥著抄來的電話號碼，農家桌上的手機跟著響起來，大家都笑了起來，主人不在，連手機也懶得帶。遠方的稻田裡有個農夫正彎著腰工作，我對著遠方的農夫大喊著，他聽到了，微微抬起頭，我連忙向他招手。他點點頭，從田裡走出來，騎著摩托車回到了農家。

溫先生笑得很陽光，深深的輪廓其實相當英俊，從都市來的女人們都看傻了眼。這就是我第一次來到羅山村的印象，有點像進入沙巴的神山，也有點像峇里島烏布的山林地帶，不過，羅山更多了一份平靜。

第二次來羅山，正好遇到了日偏蝕。早餐過後，太陽漸漸被陰影遮蔽了，天空漸漸陰了下來，日偏蝕很快的進行著，似乎在提醒著我們宇宙、太陽系、地球是如何有規律的運行的，人類大自然的天體運行中是何等渺小卑微。

正是插秧的季節，許多水稻田已經插上了細細的秧苗，稻田裡全是山的倒影，樹的倒影，還有農夫的倒影，望著這樣寧靜的畫面，我想起了一個關於羅山的故事。很多年前，有個在雲林服兵役的男孩在酒店遇到了一個來自羅山的阿美族女孩，她說她是被賣到酒店來工作的，她懇求男孩替她寫信回羅山給她的家人，在寫信的過程中，兩個年輕人都暗戀著彼此。後來這個女孩又被帶到屏東去，臨走前對男孩說：「有機會，替我回羅山吧。」當男孩結婚生子後，一直記得女孩的話，終於去了一趟羅山。他照著當年的地址找到了女孩的家，鄰居說當年來到這兒生活的阿美族人因爲覺得生活很艱難就搬走了。

過去的羅山就是這樣一處讓人覺得生存很艱難的荒野之地，如今羅山成了許多人都要來探訪的富饒之鄉。家裡已經有太陽能裝置的林運枝先生和他的兒子坐在一個可以眺望山下風景的木製涼亭底下，和我分享他對神奇大自然的體驗。林先生說：「人家說改成有機耕作，不再使用農藥後老鼠會變多，會破壞農作物。結果呢，竟然是變少了。我們也想不通。有一天發現有很多蛇出沒，像錦蛇、螃蛇、眼鏡蛇，牠們也變多了，是牠們把老鼠吃光了。」林先生的兒子在一旁補充著：「我們種有機黃豆很辛苦，剛種下去會有環頸雉來吃種子，剛發芽，兔子最愛吃。能躲過牠們的黃豆才輪到我們吃。從前我們家還種橘子、花生、玉米、柚子、竹筍，也都是要先請台灣獼猴、山豬、扁羌、飛鼠們吃，吃剩下的才輪到我們吃。」

這時候有一種很有節奏的聲音，一種奇怪的旋律從林先生屋子前面的那片空地傳來。我們好奇的走向聲音的來源，空地上只有剛摘下來的黃豆莢。不久，聲音又響了起來，清脆悅耳，有幾顆大大的黃豆從豆莢裡蹦出來。是陽光曬熱了豆莢，讓黃豆跳出來唱歌。

時間在羅山會忽然凝結，被泥火山吸走，被瀑布衝到螺仔溪裡，難怪羅山的人都不會老。離開羅山，我的時間才又繼續往下走。

花蓮好近

春天開始的第三天，是我開學第一天，我背著書包搭捷運到台北火車站。我提早一小時出門，因爲已經好久沒有上學的經驗了，何況我被錄取的學校是遠在花蓮壽豐鄉的東華大學，我的身分是駐校作家。

因爲是上班上學時間，台北捷運上的人們肩靠肩，香水和汗臭齊發，讓睡眠不足的學子和上班族精神爲之一振。有個穿著灰色連身衣裙露出粉紅色肩帶，馬尾巴紮著一個粉紅色蝴蝶結的女大學生正在閱讀一份影印的英文論文，題目依稀是這樣的：「Sad is heavy and happy is light：population stereotypes of tangible object attributes……」這時只見站在她後面穿著米色風衣的上班族女生迅速從風衣口袋掏出手機，開始寫下她的創意：「Sad is heavy and happy is light……LOVE IS LO……」這時我探頭探腦想看這個ＯＬ的創意如何，結果她寫了又清除又寫，加上車廂搖晃著，台北火車站到了，我被人潮擠了出去，腦子裡是那個未完成的「LOVE IS LO……」我基於創作的本能，很快的替她完成了以下的句子：「LOVE IS LOUD and HATE IS SILENT.」

很久沒有一個人搭火車去上學了。應該說我從來沒有搭火車上學的經驗，更不要說是去花蓮。我是舊時代的宅男，從幼稚園讀到大學都在方圓兩公里內完成，我對公車極陌生，因爲走路和騎單車就足夠了。師大畢業被分發到台北縣五股國中時還是媽媽帶我去搭客運，陪我去學校報到的，好像我是去美國留學的小留學生。和台灣的許多孩子一樣，我是一個被過度保護，可是又被過度期待的小孩，我習慣用腦袋過日子，不太會使用感覺生活。

可是這一刻，當我一個人搭上了往花蓮的太魯閣號，我全身的細胞開始甦醒了，我變得對周遭的事物非常敏銳。車子到了松山站，有個很年輕的女孩坐到了旁邊，她帶了許多大盒小盒的甜甜圈，像是要去慰勞一個住在沒有甜甜圈的地方的朋友。我注意到她的彩繪指甲，通常我用有沒有彩繪指甲來分辨世代和族群，如果對方是有彩繪指甲的女生表示我是很安全的，我坐在她旁邊可以擤鼻涕挖鼻孔，甚至，放個屁。我不需要保持優雅文藝氣質，因爲我知道她不會認出我來。彩繪甜甜圈女孩拿起手機講電話，粗而冷的腔調和外型完全不搭調。這就是酷吧。我得學著點。

經過了好幾個長長暗暗的隧道後，強烈的光線告訴我說，那就是海了，花蓮就在不遠的地方了。花蓮好近啊！怎麼以前都覺得遠在天邊呢？於是我在筆記本上寫下：「TAIPEI IS FAR and HUALIAN IS NEAR.」我又恢復用腦袋了。

大雨中的櫻花手作步道

雨已經下了好幾天了，正在進行中的福州山「櫻花手作步道」後續工程只好暫停，但我還是按照原本的計畫上山去。我想趁著下雨天上山去試走那條由志工們親手打造的手作步道，就可以觀察截水溝和步道旁的水溝排水的功能，可以作爲繼續往下做的參考。

登山的木棧道和水泥道路此刻都長滿了青苔，又濕又滑，我非常小心的往上爬。整座空山不見人影，連鳥叫聲都聽不到了，沿途只見落葉和落下的山櫻花。翻過了第一號亭，走到水泥道的終點，便是我們親手做的「櫻花手作步道」的起點了。我反覆踩在由碎石子、泥土和落葉夯成軟硬適中的步道上嚮往著，有一天，從這個起點開始，「櫻花手作步道」可以往上、向下延伸到中埔山，成爲這座盆地南方郊山裡一條由市民們「共同創作」的最具生態保護概念的「手作步道」。

這條手作步道和一般的水泥道路不同的地方有很多，最大的不同在於排水的觀念完全相反。水泥鋪面是外側高，將雨水迅速流到沿著山緣內側的水泥溝內，再透過地底下的水泥管道排出去，這樣可避免大量雨水沖刷山坡地造成泥土流失。手作步道則是內側高外側低，先藉由大容量的截水溝將大量的雨水收集起來排放出去，讓剩下的雨水一部分透過泥溝流向需要較多水分的濕地，剩下的雨水通過手作步道的表面，一些被步道吸收後進入地下水層，一些則流向山坡，這時候雨水的沖刷力道因爲雨水的重量和加速度都減少後，也大大的降低，不容易造成山坡地的泥土流失，反而讓手作步道四周充滿了動植物生存的好環境。濕地可以復育台北樹蛙和螢火蟲，步道本身及附近植物也得到適當的雨水灌溉。

這讓我想起開放式和啓發式的教育之不同於僵化的填鴨的制式教育。填鴨式的制式教育就像是在山裡面開了一條看似方便耐用的水泥道路，不但扼殺了所有可能的生物生存的機會，下雨後反而因爲濕滑讓人寸步難行。手作步道是尊重山脈原來的模樣，順著原來就有的動植物、山勢和水流的方向，很仔細的打造一條沒有破壞力反而有建設性的道路，這不就像是開放式和啓發式的教育嗎？同樣是一條通往知識和學習的道路，細緻溫柔和粗暴簡陋是不同的。

當我正走在這條手作步道時，忽然接到了兒子打來的電話，他聽說我正走在雨中的山路時非常驚訝：「很危險呢，你在幹什麼？趕快下山吧。」我走到二號涼亭和他繼續說話。我想起當兒子滿三歲時，我們送他去一間標榜著以遊戲玩耍爲目的的幼稚園，屋子裡有許多不同的遊戲角落，沒有提早的英文和中文學習，大部分時間都是在玩樂中學習不同的知識，嘉興公園是他認識動植物的地方。兒子上小學以後的功課一開始跟不上其他同學，放學後老是被老師留下來寫功課，我騙他說這是「留學生」，那是因爲老師特別喜歡他。雖然輸在起跑線上，而且挫折不斷，但是後來他的學習卻漸入佳境，直到大學畢業申請出國念書時也意外的順利。

我彷彿看到兒子一路上的學習，就像是走在一條「手作步道」上，潛能和創造力漸漸被開發。我常常從兒子身上看到自己早已失去的想像力和創造力，在雨中，我和他討論著返回台灣後的工作和生活，聽著雨聲，我覺得好幸福。

荒廢的果園

這是一本看起來薄薄的很不起眼的書，封面上的老人笑起來沒有牙齒，看起來就更不起眼了。

就像一棵長在牆角邊一株不起眼的樹。或是一片掛在這棵樹上被蟲咬過的不起眼的葉子。或是這片葉子上的一隻不起眼的毛毛蟲。我們不容易去注意這些不起眼的東西，我們的眼光總是會被四周那些外表比較巨大的、色彩絢爛華麗的、聲音誇張的東西吸引。

然後，我們總是很習慣的思考，這些東西對我們有沒有用？哪些東西是有益於我們的？哪些東西是有害於我們的？然後，隨著時代的日新月異，我們又得加快了腳步去追趕那些新生的事物和工具。於是，砍掉一株不起眼的樹或是死了一隻葉片上的毛毛蟲就更微不足道了。

聰明的人類以自己爲中心的思考模式，不斷擴張自己在地球上的生存空間，同時不斷的改造環繞在他四周的動物和植物，決定它們的命運，要它們大量繁殖還是要讓它們絕種，都是以人類的需求來考量，他們堅信自己的智慧超越大自然。

這本不起眼的書是一個不起眼的日本傻瓜農夫木村，描述他如何放任自己的蘋果樹們用最自然的方式長大的過程。他不用農藥殺「害」蟲，也不用一般最有效的肥料施肥，他讓蘋果園裡長出其他的植物，包括大豆和雜草，他觀察著大自然如何調教著這些接近枯死邊緣的蘋果樹，觀察著不同的昆蟲們如何在這個荒廢沒有收成的果園快樂的生活著，漸漸的，他研究出這些昆蟲和其他植物們和蘋果樹之間的關係，他修正著一些種植蘋果樹的方法，十一年後，他終於種出了和施過肥料灑過農藥後不一樣的蘋果。

他種的蘋果樹在颱風來襲時果實不會輕易掉落，因為細枝柔軟有彈性，他種的蘋果特別香甜，切口不會氧化。在忍受貧窮和被嘲笑欺負的漫長日子裡，木村也學會了用不一樣的方式對待稻子和蔬果，現在他開始到處演講，推廣他的觀念。他正在努力改變全世界農夫的種植觀念。

我想起自己在花蓮羅山遇到一對農夫父子的話。父親林運枝對我說：「人家說不再使用農藥後老鼠會變多，就會破壞我們的農作物。結果老鼠反而變少了。我們百思不解。有一天發現原來是蛇變多了，是牠們把老鼠吃光了。這就是大自然的智慧。」兒子說：「我們種黃豆很辛苦，不施肥不用農藥，剛種下去時環頸雉會來吃種子，發芽時是兔子的最愛。牠們留下來的黃豆才輪到我們吃。我們家的橘子、花生、玉米、柚子、竹筍都是要先請台灣獼猴、山豬、山羌、飛鼠們吃夠了才輪到我們。這個世界原來就是這個樣子的。是人類太自私了，讓大家都活不下去，最後也害慘了自己。」

這是一本不起眼的書，卻是一本正在改變人類觀念的書。對我而言，這也是一本大學生物科學系最好的啓蒙教科書。

8A

我摸黑起床，外面飄著冷冷的春雨。我在冷雨中鑽進了一輛約好的計程車裡，司機踩了油門讓車子在漆黑的冷雨中平穩前進，目標是桃園國際機場第二航站。我想起一部電影中的一句對白：「每天早上醒來都是全新的一天，有著各種可能，和昨天就是不會一樣。」就像此時此刻，我將搭著飛機去到另一個國家，和昨天怎麼會相同呢。

我的機艙座位是靠窗的8A，如果可以選擇，我會選擇靠窗，我喜歡清楚的看著飛機起降，好像看著自己人生曾經有過的起起落落。不久，有個穿著紅底白花短袖襯衫水洗淺藍色牛仔褲，提著和他拖鞋一般顏色的駝黃公事包的中年外國男子坐上了8B的位子，氣色紅潤的方臉上蓄著乾淨有型黑白相間的絡腮鬍，他有個寬廣微凸的腹部讓他看起來像個懂得美食的人。8B先生迅速將他的駝黃色拖鞋脫掉，然後從一個圓形黑色的皮夾子裡取出了一副很炫的銀色耳機，開始看機上的影片，從他熟練的調整自己座位和腳墊，顯然是個常常搭飛機的人。他向空中小姐要了一份淺綠色的毯子，將毯子塞在身體後面。於是，我也學著他將皮鞋脫掉，也要了一份淺綠色的毯子塞在身體後面，雖然商務艙座位夠寬，但我還是小心翼翼的做著每個動作。從小過動的我是非常可能將一杯果汁打翻，或是將一整盤菜倒在別人身上的，這可是一次教養和禮儀的比賽，一個來自東方的8A和來自西方的8B旅客之間的比賽，看誰先跨越界線觸犯了對方。

我一路上翻閱著兩份報紙做著筆記，並且比較著不同報紙處理同樣新聞的角度，或是猜著新聞背後的商業或政治動機，這是和我過去的職業有關，一路上我非常忙碌，而8B非常的輕鬆。我猜想，他應該是個來台灣談生意的商人。我們之間的教養比賽繼續著……

開始點餐了，我點了一碗簡單的雞肉麵，我對自己的選擇感到滿意，我順便點了咖啡和柳澄汁。一如我所料，8B先生點了西餐，他可能不會用筷子。過去出國旅行時，我曾經對自己會用筷子這件事很得意，因爲那反映了自己的出身背景，我可以感受到8B先生那種略略優越的眼神，但，那又怎樣呢？就像他閱讀的是一本英文雜誌，而我閱讀的是一份上面有我專欄的中文報紙。我們從一出生就被決定了不同的人種膚色和長相，還有一部分未來人生的可能。我和他只有這四小時的相遇，我們可以一句話都不說，然後極可能一輩子都不會再相逢。活在這世界上，我們和絕大多數人的關係都是這樣的。

隔壁的8B先生看完了一部機上電影後要睡覺了，他熟練的將座椅完全放平，身體也瞬間擺平。我整個人亢奮的繼續讀著報紙的頭條新聞，是關於新的全球富豪排行的報導，我特別去注意報導中台灣兩個富豪的「嗜好」項目。女富豪塡的是「文學、音樂、網球」，男富豪塡的是「攝影、看雜誌」。沒有眞正嗜好的人，生活是如何的面貌呢，也許就是活著而已，會不會帶著些許的不安和絕望呢？我偷看一眼隔壁8B先生，他已沉沉進入夢鄉。報紙上的每日一句正好是哥德說的：「一個人的禮儀舉止如同明鏡反應自己的模樣。」我繼續態度優雅（帶些焦慮）讀著報紙。目前爲止，我們都沒有犯規，各自保持良好的風度。

坐在我隔壁的8B先生醒來了，他點了一杯香檳，取出一本英文雜誌閱讀，那是他隨身帶著的雜誌，我沒看清楚封面，或許看到封面就更可以確定他是不是一個來回亞洲做生意的商人了。我偷偷的望著他的香檳酒，盤算著自己是否也來一杯，然後和他舉個杯。我很快打消了念頭，其實我昨天晚上只睡了兩小時，一杯香檳下肚可能一整天都無法工作了，我知道下了飛機後主辦單位安排了幾個訪問，我得保持非常清醒。8B先生繼續點了第二杯香檳，難怪他的臉永遠是紅通通的。

8B先生又戴上耳機開始看另一部機上電影了，他叫了第三杯香檳。然後我已經無法判斷他到底是在看雜誌，還是看電影，還是閉上眼睛休息，因爲他的土黃色眼睫毛很長。我繼續看著報紙上的國際新聞。達賴宣布退休後要由藏人直選首長。法國率先承認利比亞反抗軍政權，看來，一場國際介入的戰爭無法避免了。8B先生終於將他微醉的臉轉向了我，他用手指示意我將窗簾打開，然後他將眼前的小螢幕轉成飛航圖，飛機快要降落了，螢幕顯示著小飛機先往南再繞回北來。8B先生開始收拾他的耳機和雜誌。答案揭曉，他看的是經濟學人雜誌（*The Economist*），他應該是個來開學術會議的學者。

三天後，我匆匆上了回程的飛機，巧合的是，我還是8A的靠窗座位，於是我等著新的8B上來。飛機起飛了，8B沒有人，我大大的鬆了一口氣。我還是沒有點中餐和西餐，我點了一碗新加坡的肉骨茶，另外，我還點了一杯紅茶，我特別強調要的是「印度大吉嶺的紅茶」。我不再看報紙了，我從右後方黑色的套子中取出了耳機，我開始選音樂，從國語流行歌到西洋搖滾、爵士、古典，最後我停在台灣的原住民音樂，正播放卑南族的古調，那種和大地呼吸相近的吟唱讓我很快就沉沉入睡了。我想我是非常的疲倦了。

一覺醒來後就聽到飛機準備要下降的廣播了，連香檳都還來不及點就到達桃園國際機場了。我想起那位和我搭飛機去新加坡的8B先生，也許我對他的態度有點誤會。也許，他不看我一眼，不主動和我說話是一種禮貌和尊重，讓彼此感到很輕鬆自由，就像我回程時旁邊沒有人那樣的自在。

或許，眞正傲慢而有偏見的人是我自己吧。

荒野中的千里步道

那天一大早，我發現住家巷子對面多了一群工人正在砍一塊空地上的台灣赤楊樹，土地的擁有者想將這棵三層樓高的巨樹砍掉後，弄個小小的停車場。地主並不知道這棵台灣赤楊的功能和價值，說砍就砍。天天都有人從這個地球上消失，少了一棵樹更是沒人在意。

這樣點點滴滴的水泥攻占城市的事情天天發生著，從平地到山坡，還深入到了森林。原本是那麼自然的小山路轉瞬間變成了柏油馬路，沿路又裝上了太密太亮的水銀燈，所有附近棲息的動物們只好自動遷移。當大自然從我們身邊漸漸消失的同時，我們的內心和感官也漸漸被來自四周環境的嘈雜聲音改造，我們在各種垃圾堆中生活，漸漸習慣了垃圾的臭味。二〇〇六年春天，黃武雄教授決定站出來，他約了最早提出「荒野觀念」的生態環境保護者徐仁修先生和我，共同提出了一個像「傻子理想」般的宣言，想號召那些不想繼續活在垃圾堆裡的台灣人，共同尋找開闢一條環島的「千里步道」。

千里步道可以是山裡面原來就有的原住民的狩獵古道，或是先民走出來的茶葉古道、魚路古道，或是田間的羊腸小路，糖廠廢置的運糖鐵道，也可以是沿著海邊的古道，沿著步道可以串連出許多文化歷史的遺跡，也可以將古道四周擴大成美麗風景生活保留區。未來台灣對有限的土地，要從拚命開墾開發，轉換成細心溫柔的照顧和保留。這是一種新的大地倫理。黃武雄教授說：「千里步道可以長久融入台灣人民的眞實生活中，變成台灣新文化的支撐點。」徐仁修說過一個故事：「我在十歲時在山嶺半途中休息，遇見一對環頸雉從芒草間散著步，陽光照著牠們色彩豐富閃著光澤的羽毛，我一輩子都記得那種感覺。我們多久沒有這樣的感覺了？」

我想到的是那些在城市中輕易被砍掉的老樹們的悲歌，就像那棵已經有三層樓高的台灣赤楊，好幾個工人花了好幾天才能將那棵樹完全砍掉。台灣赤楊是一種最容易在被開墾過的荒野中，快速生長的台灣特有種，它也會藉著根瘤菌將土壤內的氮素固定，使得其他樹種也能得到肥沃的養分生存下來。當台灣赤楊漸漸減少了，別的植物也就更難存活了。我很喜歡台灣赤楊，它先讓自己堅韌的生存下來，肥沃了大地，讓別的樹能得到支持。於是我承諾加入這個改變台灣大地倫理觀念的運動。

法國作家凡頌．居維里耶寫的一本小說《相愛從零開始：父子健行三百里》，他用一條法國知名的百年步道作爲小說的場景。小說內容寫的是一對因爲夫妻離異後，關係變得相當疏離的父子，如何從頭開始建立互信和相愛的故事。於是爸爸想利用一個月

的長假帶著班傑明去走一條有三百公里長，穿越大半個法國的百年前的大健行步道。當他們從零公里開步走的那一刻起，班傑明就開始抱怨。一下嫌襪子太大，一下又嫌背包太重，恨不得弄斷自己一隻腳，這樣就可以舒舒服服的躺在醫院裡，悠閒的看電視看個夠。

隨著公里數一直增加，父子之間的對話也不停的轉換，從有一搭沒一搭的學校功課的無聊話題，到互相提醒聽貓頭鷹的叫聲。最後他們竟然聊起陽光和風的「味道」來，父子漸漸走到彼此心靈的深處。甚至父子已經不用對話，只是蹲在池邊看著蜻蜓飛舞點水，就感受到心靈互通的悸動。父子倆最終到達終點時，最快樂的感覺是「就只有我們兩個人在一起」。父子相愛的長度，從零公里到他們共同走完的三百公里。一起走路，用兩隻腳走，改變的卻是內心，還有靈魂。

或許一百年後回頭看台灣，我們此刻所經歷的矛盾和敵意都將化作無足輕重的塵土，謠言耳語八卦早已被日復一日的潮水沖刷殆盡飄落在河海交界處，但是也許那條千里步道還在，它靜靜的被踩在人們的腳下，日復一日。

輯五

你願意與誰同行？

我拿起相機拍下這一瞬間的寧靜時刻，三個老朋友在後台各做各的，等著上場表演，這是多麼幸福的事情。我想起金士傑在蘭陵劇坊三十週年的公演會上，說的那句經典開場白：「我們就這樣一起老去，好屌。」

沒有人是陌生人

小學生的寒假作業

長長的年假過後，我在電子信箱接到一封署名國小六年級學生的來信，大意是說今年的寒假作業老師出了一個題目「作家的深入報告」，因爲平常就有接觸到我的作品，所以專訪作家就「設定」我啦。如果我能在寒假結束開學日的「前一天」看到這封信的話，她提出了五個問題希望我能回答。由於來信中將深入的「深」寫成了「申」，感覺很草率，我的第一個直覺是，這個「小傢伙」年假放完了玩瘋了才想快要開學了，面對老師出的作業很煩惱，異想天開的找個作家試試看，還想要我替她完成寒假作業哩。

我寫了一封簡單的信給對方：「如果妳願意先寫一篇五百字對我過去作品的看法，我就願意回答妳的問題。」我的如意算盤是，這個搞不好連我是誰都不知道的學生，一定會知難而退的。可是萬一她花了點時間眞的寫了五百字來呢？我就這樣回信說：「其實我就是要妳自己寫報告的。快開學了，時間太趕了，妳就用這篇報告吧。」

第二天中午打開電子信箱嚇了一大跳，她的「讀後感」真的寄來了。我趕快用「工具」數了一下文章的字數，這是我最後的「機會」。字數六五二！字元數含空白六五五！我像一個翻開牌知道自己賭輸的賭客，看著這兩個字數發呆。我以為五百字對現在的小學生很困難。專家不是說現在的小孩語文能力低弱嗎？我只能認輸了，很守信用的回了一封信給她說：「我會給妳一份報告，會在妳所希望的時間內完成。」

小學生開學到底是哪一天？怎麼這件事情又會和我有關係哩？手邊還有很多工作的我，真的有點煩躁。

第三代讀者

我半信半疑的開始拜讀這位「賭贏」我的小學六年級學生的讀後感。她寫說兩年前，她在外婆家發現了三本我的書，分別是《第三代青春痘》，還有《我曾經那樣倉皇失措的想著你》及《企鵝爸爸》。哇……外婆家。這簡直是太刺激我的三個字了，那表示我開始有「第三代讀者」了，我應該高興才對。

她說最吸引她的是《企鵝爸爸》這本書，因為封面有一隻可愛的小企鵝在畫畫。後來她看了這本書，才知道我是個「很關心家庭的爸爸」，對孩子「充滿溫馨及愛護」，

也是個願意「傾聽孩子聲音」的爸爸。她繼續寫說，後來她又接觸到我的小說《第三代青春痘》，她還舉出其中一段「老媽的初戀情人」中的一句話：「連著好幾天老媽看到我時都忍不住笑了起來，好像看到她的初戀情人一樣。」她又寫說她最近去圖書館逛逛，借了幾本我的書，看到了《大小雞婆》。她寫說：「小雞婆是一個很有智慧的女生，不僅如此，她往往能靠自己解決問題。」她又舉出另一本書是《臭企鵝vs.大屁股》。她寫著：「這本書談的又不一樣了，是針對小野老師和李中的親子關係。兒子考駕照，小野老師也跟著去考，因此發生了很多有趣的事情。」

這篇來自我的「第三代讀者」捎來的「讀後感」，讓我回憶起十多年前我在家工作時，陪伴孩子成長的許多故事。我曾經陪著讀小學三年級的女兒去誠品畫廊看到畫家王攀元的畫作，也陪她完成了一篇「寒假作業」，我還將這篇女兒的讀書報告交給畫廊，希望能轉給王攀元先生。多年後，在王攀元的自傳體書上，我讀到了一段描述，他竟然對於當時他沒有回信感到自責而耿耿於懷。我也曾經鼓勵在讀小學時不斷被否定的兒子，參加報紙上的妖精的故事徵文，我還在兒子第一封的投稿信中偷偷夾了另一封信，請求編輯高抬貴手，「只要發表一次」就好，沒想到兒子後來成了這個長期徵文的長期小作者。我忽然想到，也許這個孩子的這篇報告和寫信給我的行為，都是在她的父母親鼓勵下做的，那，我是不是也該給「用心良苦」的父母親來個鼓勵和回報呢？就像當年那個編輯對待我兒子一樣。我決定好好的「配合」這個孩子完成這份寒假作業。

人生的答案

我想起這幾年自己寫了不少文章都還存放在「糧倉」裡，有些發表過，有些還沒發表，也沒有出版過，我可以從「糧倉」裡找到孩子想要的答案，像是：「爲什麼會成爲一個作家？」我很輕易的找到一篇〈作家的條件〉。關於「生命當中，有什麼特別印象深刻的人、事、物」，這題更簡單了，我最近寫了很多關於不同朋友的故事，於是我這樣先寫了一個頭：「我的生命中遇到了很多很多精采的人，包括我從事寫作時的作家，和從事電影時的導演們，其中甚至有很多是天才般的藝術家。我有一個越老越紅的朋友叫做吳念眞。」底下我就接了兩篇關於我描寫吳念眞的文章。如果她不嫌多的話，我的「糧倉」裡還有描寫侯孝賢、李安、楊德昌和張作驥的文章，另外也有文學家和藝術家的故事，像三毛、陳映眞、王禎和和羅曼菲。所以我很輕鬆的完成了兩題，前後不到十分鐘。

第三題是「希望你的作品可以帶給讀者什麼？或是讓讀者有什麼感受？」這可就有點難了，從大學時代開始寫的小說、散文，到電影的劇本創作，再回歸童話、青少年小說、親子散文等，我到底想要給讀者什麼？或是我到底是怎麼看待自己的人生？我寫了一段話：「每個讀者在讀著每一本書時，都會隨著他個人的生活經驗和知識得到不同的反應和啓發。我希望自己的作品能用最簡單的文字表達最深刻的情感，讓讀者自己去體會。就好像我們去爬一座看起來很空的山，會不會有很多收穫就要看自己了。我希望自己的書就像是一座山，給人慢慢的爬和享受。」然後我就接上一篇文章〈空山〉。

第四題有點麻煩，是問我的「人生觀」和一生中最想達成的「目標」是什麼？有沒有實現呢？我也寫了一段話：「我的人生觀會隨著自己的成長而改變，基本上我的內心是悲觀的，但行動卻是樂觀的。妳看到我的書都是我第二階段的作品，我對能擁有一個天馬行空充滿創造力和想像力的童年充滿著嚮往，所以我想成爲一個偉大的童話家，讓自己的作品給全世界的小朋友看。我很幸運的成爲了作家，夢想實現了一大半。將來我想和兒童們一起創作。這是我未來的人生目標。」過去每當我從一個要上班的工作中（例如電影公司或是電視公司）脫身後，在筆記本上畫的都是一些童話故事和造形。我眞的很喜歡和孩子們玩在一起，孩子們的天眞無邪會讓我看到世界的美好和幸福。就像我會那麼興致勃勃的回答著這封信一樣，我喜歡和孩子做朋友。

好了，剩下最後一題了。她問說一個家庭讓我有什麼樣的感覺？有什麼印象特別深刻的事？我這樣寫著：「我出生在一個物質生活很窮困、但精神生活很豐富的小公務員的家庭。在過去的演講或是訪問中，我們一家人常常隨口說著彼此從小寫日記的習慣，聽眾或是讀者往往會被我們說的內容逗得哈哈大笑，笑聲的背後雖然有點同情我們寫日記都沒有隱私權的保障，但是也有不少人是羨慕我們彼此能用日記作爲溝通平台，甚至於當成練習寫作的第一步。」我從寫日記這件事談起，談我很不一樣的父母親，這也是幫助我認識自己的開始。

花了一小時我完成了一萬字的寒假作業。我寄出報告並且附上五千字別人對我的訪問稿。這個孩子很有禮貌，寫了封回信，說她會珍惜這份珍貴的回應，也會永遠保存我給她的特別的禮物。她寫著：「太太太感動啦！！！」還有一個「^^」。

開學後不久，我又收到她的一封信告訴我說，她的寒假作業得了第一名，要再感謝我一次，我這才想起來，忘了問她是在哪裡讀書的孩子。

我學到最珍貴的一課是：「其實我擁有很多，何必吝嗇？」而更具體的收穫是，經過了這樣整理「滿而溢」的「糧倉」後發現，我可以認真考慮出版一本新書了。

在你的前戲中熱舞

吳念眞導的舞台劇「人間條件」已經連續演了十年了，最近從一到四集在城市舞台連續演一個月，對外號稱還沒宣傳就已經賣了九成五。

他的好朋友們都在他的戲裡有個角色，唯獨我沒有登上過他的舞台，但是獻花或是開記者會卻都會要我去參加。我最近一次參加他的記者會時說了這樣一個笑話：「有一次我從廁所出來，正好聽到紙風車執行長李永豐對吳念眞說，文學劇場清明時節讓小野演一個調節委員會的委員吧。沒想到吳念眞非常堅決的說，小野根本不會演戲。那一刻，我不但沒有失望，反而好感動。我覺得我的老朋友還是很愛我的，他不忍心讓我爲了演他的戲的配角而花費時間，他知道我有更重要的事情要做。我的時間是寶貴的，豈能浪費去演一個配角？」可是最近，他忽然邀請我上他的舞台表演，讓我受寵若驚。

那是在某個星期日的午後，他的某一場戲要開演前，我本來是受邀去劇場後面接受一個訪問，訪問結束後和大家打個招呼，要趕回家繼續工作。吳念眞忽然邀我上台參加這場戲前半小時的「暖場」，舞台上的其他人也跟著起鬨，我連忙推辭。我想：「我應該是要演主角的。怎麼連配角都沒有？只能在你的前戲中走一走？」李永豐大叫說：「你可是要好好把握機會啊。」

「你可別小看了我這個暖場，這可是前戲呢。前戲是很重要的呢，別搞錯了。」吳導很認眞的說，眞是很難得的幽默。自從他成爲「全方位國寶級作家」後，相對的已經沒有過去那樣幽默了。幽默是要在從容緩慢時才會發生，當一個人忙到隨時隨地都在時間的夾縫中更換不同角色時，何來幽默可言？可見得此刻的吳導是很開心的，我便在這樣一念間被推上了舞台，參與了他的「前戲」。

十年了，終於等到朋友給的這樣一個千載難逢的「好」機會了。於是我在這場對我而言有歷史意義的「前戲」中大跳熱舞，跳得讓朋友們目瞪口呆，我竟然願意在朋友的前戲中大跳熱舞，這是何等「悲壯」的舉動？大家終於明白我和吳導之間的友誼是如何的深厚了。也是演員之一的簡社長笑著說：「我終於相信你過去說過的一句話了。吳念眞不讓你表演的眞正原因是，怕你的鋒頭超過他。哈……我眞的相信了。經過你這樣一跳，我懂了。」

前戲結束後，我回到後台喘息，我好久沒有這樣盡興的跳舞了，而且竟然是毫無預警的在眾目睽睽下。前台的戲正式開始了，這是一演再演的「人間條件」第一集，聽說因爲許多人買不到票，七月又要再加演。後台靜悄悄的，柯一正導演躺在吳念眞導演旁的椅子上睡著了，吳念眞專心盯著螢幕看著前台的表演。簡社長埋頭用鋼筆寫著他的長篇大論，像個古代要入京趕考的考生。

我拿起相機拍下這一瞬間的寧靜時刻，三個老朋友在後台各做各的，等著上場表演，這是多麼幸福的事情。我靜悄悄的離去，只對他們點了點頭。我想起金士傑在蘭陵劇坊三十週年的公演會上，說的那句經典開場白：「我們就這樣一起老去，好屌。」

人間昏迷

有段日子當黑夜來臨時，我常常坐在中正紀念堂有噴水池的廣場的石墩上仰望著一個巨大的廣告「陳映眞．風景」，那是我在二〇〇四年從夏天到秋天最難忘的畫面。那是雲門舞集在二〇〇四年秋季公演的預告，林懷民從陳映眞的幾篇小說中尋找編舞的靈感，並且向陳映眞致敬。

林懷民常常提及他第一次在明星咖啡屋見到陳映眞高大的影像出現時的敬畏心情，許許多多的作家也都表示陳映眞對他們的啓蒙和影響。而我一直有個困惑，我到底有沒有親眼見過這個作家，和他說過話？於是，我開始努力的回憶著每個可能和他見過的畫面和說過的話。

一九七九年秋天，我去美國紐約州立大學水牛城分校讀書，當地的台灣同鄉會給了我一個電話號碼，我可以從這支電話中得知故鄉台灣的消息。一九七九年十月三日陳映眞再度被警備總部軍法處以涉嫌叛亂罪拘捕，台灣同鄉會就是用這支電話通知大家展開連署營救行動，不久陳映眞就被釋放了。

兩個月後，台灣爆發影響深遠的美麗島事件。

大約就在這件事情不久後的某一天吧，我彷彿記得是吳念眞和我一起去見了陳映眞，當面向他請教是否應該接受邀約去中央電影公司上班。可是當時的時間地點都很模糊，就只像是牆上的一幅油畫那樣。在這幅斑駁的油畫裡有個有點滄桑但目光卻炯炯的男子坐在角落的椅子上，窗外的微光映在這個四十出頭的中年男子身上，彷彿還可以看到他穿的厚重毛衣上的灰塵，我和吳念眞正襟危坐聆聽他的教誨。

「先占住那個位子吧，占住位子是很重要的。」油畫中的男子打破沉默開始說話。他有一顆巨大的頭顱，或許要思考很嚴肅的問題才需要有這樣大的腦容量。剛開始他的話不多，都是下結論給答案。不久，他的話多了起來：「我認識那兒的一個人，他是當年負責審問我的人。年紀輕輕很聰明也很優秀，眞是太可惜了。他現在被派到你們那兒去當領導，你們要小心。你們那種地方到處是這樣背景的人。年輕人不要太大意了。但是，只要占住位子就有一線希望，你們要沉得住氣和他們拗。要慢慢的和他們拗，你們還年輕，可以用時間和他們拗。」

一九八三年夏天，中影內部爆發了上級單位要修理由黃春明的三篇小說所改編的台灣新電影代表作《兒子的大玩偶》，這件事情轟動了整個台灣文化界。在中影製片廠開整肅大會的那個下午，片場四周開始耳語不斷：「聽說陳映眞出現了。」陳映眞的出現，好像更能凸顯整件事情是有陰謀的，就像過去許許多多被羅織下獄的案件一樣。那次的事件在媒體一面倒的仗義執言下讓國民黨內改革派占了上風，保守派暫時忍讓，我們這些不知天高地厚的「破壞分子」繼續留在那個「位子」上埋頭工作，只是未來的道路更艱辛了。

在台灣即將解嚴前夕，陳映眞帶領著一批追隨者，辦了一本關懷台灣被遺忘的弱勢族群的《人間雜誌》，將滿腔人道主義的熱情撒遍在這塊他出生、成長、被捕入獄的土地上。他獨立支撐著這本雜誌五年，一九八九年初吳念眞和我終於離開了「占了很久位子」的中影，同一年，他也宣布結束了《人間雜誌》的發行。時代朝向一個不可預知的方向狂飆前進。

二〇〇六年秋天，陳映眞二度中風送進了北京的醫院，院方表示這次是重度昏迷，病情不樂觀。後來我問起吳念眞那段往事，他沉思了一下說：「那次的會面應該是我的朋友帶我去見陳映眞的，因爲有些人反對我辭去市立療養院的工作到國民黨機構去上班，他們認爲我一定會被打壓或是沒有作爲。只有陳映眞大大鼓勵我去占住那個位子，他認爲只有占住位子才會有希望改變。他說知識分子要行動，要跳火坑，不能只是清談。後來我把這段故事說給你聽。半年後你也進來了。」

或許是吳念眞太會說故事了，他會將故事中的各種情境細節描述得很生動，並且加上各種手勢和姿勢。或許是，我實在太嚮往能親自聆聽到陳映眞先生當面的提示和啓發了。於是就有了那幅忘了時間和地點的虛構油畫。

事實上，我從來沒見過陳映眞。

帶一片風景走

秋天的台南依舊炎熱，從夏天拍到秋天的電影《帶一片風景走》接近了尾聲，我情緒崩潰的一場戲即將登場。

導演和攝影師正討論著這場戲攝影機的運作，那是一個開闊的山谷地，是那種南台灣到處可見的被陽光燙得亮燦燦的青綠。我和剛滿十九歲的新人小榕躲在有冷氣的車子裡做最後的練習，我說著說著竟然激動的哭了起來，小榕也紅了眼眶。才十九歲的小榕有比同年齡小孩更多的人生歷練和情緒，所以我也試著去觸動她藏在內心的委屈。我原本是個很壓抑、拘謹，根本放不開的人，我決定把自己眞實的悲傷放在對白和表演裡。

這部電影是根據眞實故事改編，一個鋪柏油的工人黃智勇在二〇〇七年六月十七日那天，決定用輪椅推著因爲小腦萎縮症發病後已經不良於行的妻子，開始了一整年斷斷續續的環島旅行，環島旅行結束後一年妻子過世。環島旅行是這對夫妻婚前的約定，婚後兩人都忙於工作和照顧孩子，一直到妻子發病了，黃智勇終於實現了這個承諾。小榕在這部電影中飾演這對夫妻最疼愛的女兒，我飾演發現妻子罹患小腦萎縮症的醫生。在這對夫妻環島旅行的過程中，女兒和醫生都經歷了極大的心理轉變，女兒從不知所措的逃避，到接受這個殘酷的事實；醫生從原本的漠然和優越，漸漸轉為深刻的反省和感動。綠色山谷前的這段告白，就是醫生向女兒說出藏在自己內心的痛苦。

「當我看著妳爸爸推著妳媽媽慢慢的走著走著時，我好感動。我會想到我自己，凡事都是那麼匆匆忙忙，那麼急切的。從小，我就被一隻巨大的手不斷推著往前衝，有個聲音在我耳畔不停的叫著說，快點！快點！慢了就完蛋了。別好吃懶做了……快點向前衝，不要輸給別人！」我沒有照著導演寫給我的對白說，我對著小榕訴說著自己成長的故事。上個世代有些人活得就像是在逃難，慌慌張張爭先恐後的搶著一口飯吃，他們教育孩子也要這樣過日子。

當我很激動的說了一大堆後，導演有些納悶的問我說：「你還有一大段話沒說。關於當醫生的心情……」

我說：「我剛剛說完了呀。」

「我是說，我寫給你的對白，你都還沒說。找你們這些當過編劇來演戲還真麻煩，還自己寫好對白哩！」導演笑了起來，搖搖頭。他堅持要我把他寫的那段話講完，於是我繼續將導演寫的對白講完，是關於「我在他們身上看到了生命是無限大」之類的醫生心情。

幾個月後電影終於要上片了，我坐在戲院裡看著這部電影的試片，一路看下來發現只要是我自由發揮的對白幾乎都被剪掉了，尤其是到了最後面，我最期待的我自己寫的「淚留滿面的精采告白」更是消失得無影無蹤，只剩下「生命是無限大」那幾句。

我坐在戲院的黑暗處忽然哈哈大笑起來。每個人的成長果然都不一樣，我的成長導演不一定懂，而我，又何嘗懂導演的內心呢？我們會感動或傷心的地方不一定會相同啊。每個看電影會流淚的人都是哭自己的經驗和感同身受啊。

我想或許導演是對的，我的那段話不應該放在電影的醫生嘴裡，而是我自己的心裡。

老婦人的半碟冷菠菜

我注意到那個剛剛走進餐廳一臉病容的老婦人。她好像剛從另外一個世界走進來，一臉的徬徨無助。

原本就因爲人手不足忙得有些心浮氣躁的女孩，走過來問她要點些什麼　她茫茫然的望著女孩說：「簡單就好。我吃點青菜。」女孩耐著性子如機械般回答了幾種菜，她點了菠菜。然後兩人又討論了許久，老婦人又點了一碗四神湯，女孩鬆了口氣，轉身向廚房唸了兩聲，快速奔向別桌。

這個城市越來越容不下節奏太慢的老人了，尤其是在那些有年輕人當服務生的地方，像是速食店或是超商。年輕的消費者通常都很清楚的點了東西，付了錢就迅速離開櫃台，動作乾淨俐落。老人總是問東問西舉棋不定，掏錢的動作又很慢，對方找了零錢還會抓不穩掉了一地，如果再給張小小的貼紙恐怕會弄掉老人半條命。老人走進超商或速食店，聽到服務生嘴裡咕咕噥噥的說著一些像機器人說的話時，會以爲自己踏進了火星。

四神湯和菠菜端上來了，老婦人還是一臉茫然，她嫌菠菜太多了吃不完，她感到相當的困擾。於是她向隔鄰的中年男子求助：「我把菠菜分你一半好嗎？你看我都還沒動筷子。」老婦人還舉起筷子證明「清白」，中年男子笑著搖頭說他也點了青菜：「謝謝妳。妳自己吃吧。」被拒絕後的老婦人還是想尋找相助的「貴人」，她轉而拜託另一桌的年輕人，四個剛下課的中學生也笑笑說不要，好像怕被老人沾染到什麼般。

我想到吳念眞寫的那個已經成了兒童劇的故事《八歲，一個人去旅行》。故事中，八歲的阿欽被爸爸要求從九份搭火車去宜蘭，在車上遇到一個賣完菜要回家的陌生老婆婆的故事。其實阿欽不太敢看臉上抹了白粉的老婆婆，但是當老婆婆昏睡過去後，阿欽以爲她死了，嚇得大喊救人啊。救醒後，全車的人都以爲阿欽是老婆婆的乖孫，阿欽也就扮演起老婆婆的孫子了。吳靜吉告訴我說，他每看一次哭一次。

我望著自己滿桌的菜想著，如果老婆婆來求我，我就欣然接受。果然她站起來走向了我，我說：「好的，正好我沒點青菜。謝謝妳。」她如釋重負般給了我半碟菠菜，還向我鞠躬說：「謝謝你啊。」老婦人終於安心的回到座位上慢慢的喝著大概已經涼了的四神湯。我的桌上擺著礦工豬肉、鯖魚、嫩豆腐、蘿蔔湯，還有一碗大的滷肉飯。中午來不及吃飯就去工作，此刻只能午餐和晚餐一起解決。

我吃著老婦人送給我的半碟菠菜，想著她的惜物和善意，對現代人而言反而是無法理解的事了。老婦人喝了湯吃了青菜似乎有了點食欲，於是又加點了一碗滷肉飯。她去櫃台結帳時女孩要她慶祝建國百年摸個彩，她摸出一張食物兌換券，是一顆滷蛋。爲了這顆滷蛋她們又討論了很久，老婦人望著我思考著。

「她是不是又想問我說，可不可以和她分半顆蛋？」我摸著已經脹起來的肚子有點擔心的想著。

另一種乘著光影去旅行

武少和許多同年齡的年輕人比起來，算是投入職場工作很久的資深婚紗攝影工作者。他在重複又重複的工作中感到很空虛，總覺得少了點什麼。

有一天，他終於決定獨當一面開一間和別人不一樣的婚紗攝影公司，結合旅行和露營，也算是另一種「乘著光影旅行」吧？沒錯，他是攝影大師李屏賓的粉絲，他喜歡他那種獨特的寧靜、寂寞卻帶著安詳的畫面，他說看著看著都會感動到想哭。他說他讓要結婚的新人在忙亂的婚禮舉行前先來個「小蜜月」，沿途尋找不一樣的風景拍婚紗照，藉由攝影者和新人的相處彼此產生了信任感，還有因爲旅行露營和大自然親近所產生的愉悅感，讓婚紗照能傳達一種安靜的愛情和幸福感覺。愛情原本應該是寧靜安詳的，婚姻更是。所以他覺得一般婚紗照太匆忙，拍攝出來的甜蜜幸福感像是「演」出來的，總覺得哪裡不太對勁。

哈利和愛蜜莉是一對將要在耶誕節結婚的年輕人，他們是在蘇格蘭讀研究所時住

在同一棟宿舍才認識的情侶。「認識她是因爲發現有一包擂茶袋，覺得一定是來自台灣的留學生，於是就一間間宿舍敲門。」省話的哈利簡單說著兩人的奇遇和決定：「我很健忘，挑耶誕節就不容易忘記。」拍婚紗不能回到蘇格蘭度小蜜月，就想點相近氣氛的地方吧。旅行車出發時台北正飄著雨，我說：「下雨不壞，拍電影時得用好幾輛消防車呢。」於是我們就到新竹縣鹿寮坑一處私人的濕地，武少說他最喜歡湖畔高大的落羽松，愛蜜莉穿著湖水藍的露肩禮服站在飄著細雨的湖畔，湖裡三隻鴨子默然望著她和新郎擁抱親吻。武少說：「這裡是在山裡面，所以風不大，湖面很平靜，可以拍到新娘湖水藍禮服的倒影。」我忽然脫口而出：「蔭涼湖畔！」《Shades of the Lake》是李安在紐約讀書時拍的作品。

雨勢忽然大了起來，我們結束拍攝，驅車南行，陽光漸漸探出了頭，沿著海岸線來到了一個標榜著「民國九十年白海豚曾經在此出沒過的」小漁港，武少說他沒有在這裡拍過，那就這裡吧。滿地的漁獲卻乏人問津，海岸上有一排大風車，乾淨的沙灘有許多寄居蟹挖的大洞，一個年輕的爸爸抱著一歲多的孩子指著遠方說著呢喃話語，一隻胖胖的短腿狗忠心的守候在一旁。「這是楊德昌拍的海灘的一天。」我又自言自語的說了起來，全場只有新娘愛蜜莉看過這部電影，她學的是和電影有關的科系。

黃昏時我們來到三義臉譜文化會館露營，這正是將他們圈在一起的那包「擂茶」的出處。天空高飛的是雁群，低飛的是蜻蜓，光臘樹上獨角仙吸食的痕跡已經結了疤，我們在帳篷下吃著火鍋，新娘和卑南族的攝影師阿彪合奏卡農，雁群在天空排著「Love」，還眞有點「世紀婚禮」的味道了。

雨中的告別式

我站在信義路一段的中華電信門口打算攔一輛計程車回家，如果不是因爲下雨，我只要穿過中正紀念堂就回到家了。這時候有一輛車停在我的旁邊，車窗搖下來，是羅曼菲，她招手要我上她的車，我很見外的搖搖手說：「我家就在隔壁，謝謝啦。我們不順路。」她溫柔又很堅持的說：「先上來再說吧，雨很大，讓我送你一程。」

我無法拒絕，有點害羞的上了她的車。我知道我說了一句連自己都不明白的廢話，因爲我並不清楚羅曼菲住在哪裡，我爲何說不順路？面對一個平日只能仰望的美麗舞者，我竟然變得語無倫次起來。「你說現在怎麼走？我可是個路癡哦。」羅曼菲說起話來很直爽，信義路是單行道，遇上了應該右轉就到我家的杭州南路也是單行道，所以只能左轉。望著前方茫茫的大雨，我說了一句很不負責任的話：「我也不知道該怎麼走？我也搞不清楚方向……因爲我也是個路癡。」於是羅曼菲踩了油門，穿過了杭州南路往信義路衝，我的家越來越遠了。我想，車子這樣開下去會是一條不歸路啊。

我從來沒有和羅曼菲那麼接近過。她有一種讓人立刻放鬆的神奇魅力，她說起話來像是熟悉多年的老朋友，當她開懷笑的時候像個小孩子般單純，開車時的優雅輕鬆也像是在跳舞。相形之下，我反而不知道該如何擺弄我僵硬的身體，除了每隔一段時間拉扯一下斜綁在身上的安全帶外，只能說著一些連自己都聽不懂的廢話，她的自在快樂讓我顯得不是普通的蠢。

羅曼菲很體貼的想談些我所熟悉的話題，像是台灣電影的未來命運之類的，於是我們繼續聊著我們剛才一起看的那部吳乙峰的紀錄片《生命》。藝文界的朋友們剛剛齊聚一堂欣賞著這部拍了五年的關於九二一大地震的紀錄片，吳乙峰要我當影片放映後座談會的主持人。這是二〇〇四年的秋天，總統大選的兩顆子彈議題已經從春天吵到了秋天，整個社會就像陷入泥濘中的猴子，再也變不出什麼新鮮有趣的把戲了。台灣電影跌到了谷底，一群年輕的電影工作者推出「搶救台灣電影大嗆聲」，我也不知道能和羅曼菲談什麼。

我反而不敢問一個我最想知道的問題，那就是她的身體狀況。從媒體得知三年前她被發現是肺腺癌第三期，她服用一種新藥後控制得還不錯，所以她也繼續編舞和教舞。坐在駕駛座上的她神情看起來燦爛清爽依舊，看不出來是一個已經和死神起舞了三年的舞者。

二〇〇六年的春天，羅曼菲終於停止了她和死神的舞蹈，靜靜的躺在死神的懷抱中，和這個她用舞蹈來詮釋的人間告別。她在得知自己罹患癌症後，接受專訪時說她並不怕死，尤其是忽然和死神那麼接近時，她就更不怕死了。她說在這段和死神共舞的日子裡，其實天天都在做著各種不同形式的告別式，默默的和她家人還有許許多多的學生朋友們告別。我忽然想起那一天一起看紀錄片《生命》的雨夜，我意外的搭上了她的便車，或許那就是另一場告別式吧。她駕著車子在大雨中繞來繞去，我也說不出個方向來，於是車子越走，離我家越遠。或許我在潛意識裡不想讓羅曼菲消失在這個逐漸消沉的島國吧。

在大雨中繞啊繞的車子，就像《輓歌》中原地旋轉了十分鐘的舞者，其實那正是一種對生命即將消逝的不捨啊。

輯

人爲什麼痛苦？

我不會忘記十八歲讀高中時的那場三千公尺比賽，我演出的逆轉勝。尤其是藍色背心上印著「夜間部」的字樣，像是一種羞恥和痛苦的印記，一種「次等的」「失敗者」的符號。我心裡明白，我會贏得最後勝利，因爲我是有備而來。

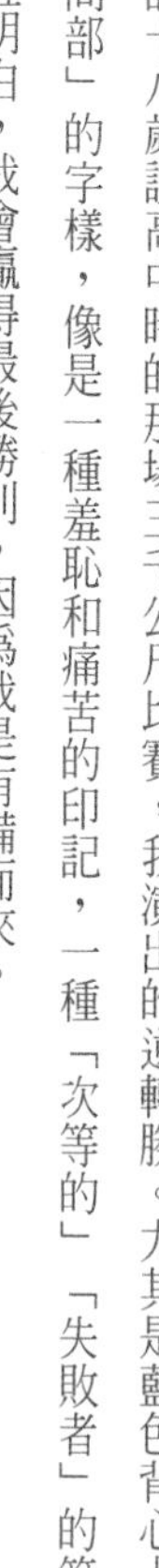

最大的幸福，總是在痛苦後

坦克大決戰

等待這一天的見面已經很久了。就在這一天到來的清晨，我作了一個已經很久沒作的關於考試的噩夢。更精確的說，應該是夢中夢。

我走上講台拿了一張化學科的考卷，回到座位，很快寫完後放回講台。我好像只寫了第一大項，這時已經快下課了，我偷偷的拿回考卷把第二和第三項胡亂塡了答案，老師卻將考卷收走了，於是我衝出去追老師，想要把考卷放回去。有個同學陪著我去教師休息室看看，可是老師已不知去向。同學看到我手中的考卷說：「今天考卷有五張，你拿到的不是今天的考卷。」一切都完了，化學是零分了，這太絕望了吧。這一定是夢，不會是眞的，於是，我從「夢中夢」裡嚇醒。

我搭著車往台大校友會館參加這個令人期待又害怕的聚會，窗外下著濛濛冷雨，陽光才出來幾天又回到濕冷的冬天，多麼像十六歲那年的夏天，高中聯考放榜後的心情。爸爸跪在我前面痛哭失聲說：「孩子，一切都完了。是成功高中夜間部呀！」就像清晨那個噩夢，我懷疑自己是不是拿錯了考卷？而今天就是四十四年前被命運之神安排在一起的夜間部同學的會面。離開暗無天日的地獄後四十四年，這些小鬼們都還好嗎？

我望著兩桌頭髮都已略顯斑白的男人們，幾乎叫不出幾個名字來。我趕快拿著一張從畢業紀念冊上影印下來的大頭照來辨認，即使就是那些大頭照上的少年，我也想不起幾個來。遺忘或許是讓痛苦減輕最快的良方，我眞的忘得差不多了。這時有同學帶頭唱起改了歌詞的〈坦克大決戰〉：「夜間部的同學們，我們團結起來……」然後大夥就跟著唱起來，熱血沸騰慷慨激昂，簡直像〈義勇軍進行曲〉。

「這是什麼歌？」我問，大家都笑了：「是你爲我們啦啦隊寫的歌。後來還被學校禁唱，說有分化日夜間部情感的企圖。」

「對對，那次運動會我也有下去跑三千公尺？」我的回憶終於慢慢甦醒了。

「是啊，你忘了你那場比賽呀？你還邊跑邊向我們的啦啦隊揮手，很騷包的。當年你一戰成名！」

「對對。我還保留著那張揮手的照片。」我得意的笑了起來。

「還有何信浩，記得嗎？一個人參加好幾項，爲班上拿了很多分。我們班在那一年是全校田徑賽的總冠軍。不過他，好像……走了。」

「我們班走了三個，還有許鴻文和包澄沛。」負責連絡大家的李德麟醫生報告說。李允中教授說，他本想連絡許鴻文醫生，卻在網路上看到一篇弔祭許鴻文醫生的文章。李允中教授紅著眼說，他本想去鞠個躬，卻晚了一步，畢業後他們還常常通信的。

這眞是一個遲來的同學會啊。或許大家都近鄉情怯吧。我看著同學們遞給我的名片，有的是在日本大阪開業的醫生，有的去了大陸經營醫院，更多的是在台灣開牙科診所的醫生，也有在台灣大學任教的教授。大家也都還沒退休，這些從黑暗地獄爬出來的小鬼們啊，大家都還活得那麼生氣蓬勃的。

「你會作考試的噩夢嗎？」我問當時的班長黃傳雄醫生，他瞪大了雙眼說：「當然會，還常常嚇醒呢！」

三千公尺逆轉勝

我不會忘記十八歲讀高中時的那場三千公尺比賽，在台北市立體育場的跑道上，我演出的逆轉勝。尤其是藍色背心上印著「夜間部」的字樣，像是一種羞恥和痛苦的印記，一種「次等的」「失敗者」的符號。我心裡明白，我會贏得最後勝利，因爲我是有備而來。

在往後的日子裡，我總是不厭其煩的在許多演講場合描述著這場全校運動會的長跑比賽：「槍聲響起後，七十幾個選手同時衝出去！在場外啦啦隊的鼓聲叫聲歌聲中，選手們只管向前猛衝，忘了這是一場長跑。隊伍很快就拉開了，有人遙遙領先，我用練習時的節奏慢慢跑變成最後一名。當我經過班上啦啦隊前面時，有人大喊說，至少贏一、兩個人吧？」

我說故事的情緒，隨著故事發展和轉折漸入高潮：「我始終用自己的速度跑在最後，跑到一千公尺時開始有人吃不消了，紛紛退出跑道，大家的速度明顯都放慢了，我知道，該是我發揮的時候了，我開始加快速度，我輕鬆的超過前面的人，每超過一個人就對他揮揮手，對方只能痛苦的望著我。」每次說到這裡，台下的聽眾就會報以熱烈的掌聲和笑聲，逆轉勝永遠是百聽不厭的故事：「我們班的啦啦隊瘋狂的打著鼓，同學們狂喊著我的名字，連其他班的同學也跟著喊。我經過同學前面時開始揮手，邊跑邊笑，接受同學們拍照。」我彷彿置身當時的現場：「大部分的人都被我追趕過了，我的前方只剩下三個校隊級的選手……我閉上眼睛，忍受著腳快要抽筋的危險，我拚了！」

「我咬緊牙關閉著眼睛跑啊跑的，忽然聽到四周的叫聲要我別再跑了。我睜開眼睛，發現怎麼前面一堆選手？原來是我足足比他們多跑了一圈！」在全場聽眾驚呼聲中，我該要做個結束了：「最後我倒在終點線上，兩個同學衝上來將我抬出去。他們說，你盡力了，太精采了。我們班上最後也奪得田徑賽的冠軍總錦標。」

之後，我就會開始講自己後來如何用功，考上了當時分數不輸給醫學院的師範大學

生物系，還當選全校的模範生，後來我又努力寫小說，學生時代就成了暢銷作家，得了很多文學獎。後來又如何放棄了留美獎學金，回到故鄉為台灣電影前途奮鬥，完成影響後來深遠的「台灣電影新浪潮」。我的故事不斷有新的發展，包括回到家裡專心創作，無心插柳柳成蔭的親子散文和青少年小說，還有一頭栽進戰國時代的電視圈打了幾場「可歌可泣」的混戰。不管演講主題是什麼，我總是可以從那一場三千公尺長跑的逆轉勝開始說起。

夢和鞋子

有機會和林義傑作一次電視節目的深談，和林義傑對談時，製作人在我們之間布置了一雙林義傑的球鞋。

和林義傑對談時，林義傑才剛剛跑完一萬公里的古代絲路返回台灣，整個人看起來相當的疲憊。那雙看起來髒髒破破的球鞋，就是剛剛跑過絲路的鞋子。他說：「這一百五十天我跑壞了好幾雙球鞋，都送給別人當紀念品了，只留下這一雙。」古代張騫走過的絲綢之路橫跨人類生存最艱困的地區，包括土耳其、伊朗、土庫曼、烏茲別克、哈薩克、西安，林義傑和另外兩個陪跑者跑到三分之一路程時同時中毒緊急送醫急救，當他被救醒後第一個念頭是：「出發，繼續跑，不然故事就寫不下去了。」

十五歲那一年，他告別了家人，決定自己這一生的故事要用一雙腳「跑」出來，因爲他發現自己有這方面的天賦。我被那雙跑過古代絲路的球鞋深深吸引著，因爲我想到那雙被我放在櫃子裡的球鞋已經好久沒穿了。

高中時我爲了參加三千公尺比賽，每天把皮鞋掛在脖子上，赤著腳跑步上下學，苦苦磨練著自己的腳掌。放假時我花更長的時間延著大水溝跑，路程遠遠超過了三千公尺。我赤腳跑步眞正的理由是我買不起球鞋，正式比賽那天，當一些選手換上了釘鞋我卻穿了五雙襪子，想讓自己跑起來更輕盈。

我問林義傑說：「你跑步的時候是不是讓腦筋放空，只讓呼吸和身體維持規律？」他充滿自信的笑了起來：「正好相反。在那麼長的路程中我都是和自己對話。回憶就像電影的片段，會不停的倒帶，有畫面和聲音。我也不停的思考，我很喜歡思考。」是啊，他要用一雙腳橫跨撒哈拉沙漠、中國大戈壁、南極冰原、加拿大北極圈，他一定要靠著不停的思考建立起堅固強大的信念，強化自己的心理控制，才能支撐著來自肉體的痛苦和內心的寂寞，超越人類體能和心理的極限，否則他可能很快就會被自己疲累的軀體和內心的寂寞擊垮。

常常被考試考壞或考前沒有準備的噩夢嚇醒的我，私下問林義傑一個關於夢的問題：「你會作跑步的夢嗎？」他說，睡在帳篷時常常作著一個相同的夢，那就是躺在家裡的床上睡得很香甜，醒來時發現自己是躺在非洲的帳篷裡，那時候好想家。有一次他完成了整個跑步的活動回到家，晚上又作了同樣的夢，醒來後摸摸軟軟的床，啊，真的回家了，不是夢。

痛苦形塑自我

親愛的阿肥：

深夜作了一個慘淡的夢，醒來後就再也睡不著了，於是打開電腦給你寫信。這個夢的場景像是我們的童年，低矮的平房，陳舊的家具和床，模糊的蚊帳和棉被，昏昏暗暗了無生氣。夢中的我，其實已經住在外面了。這一晚是回家看媽媽和祖母的，腦子裡想的卻是微積分和物理化學是否會被當掉？大學是否可以畢業？媽媽和祖母的身體都很衰弱，她們已經睡了，你陪著祖母睡在同一張床上，我蹲在媽媽的床邊，在她耳畔輕輕的說：「媽媽，晚安。」夢裡的媽媽有自閉症傾向，沒有反應，我相當失落。夢裡這個老家是靠你一個人獨自在支撐著，現實生活的你，卻是遠在美國南方的沼澤地，面對著兩個並不好帶的孩子奮戰了大半輩子，你憑著自己強大的意志力撐著這個家。原本你是我們家最俊俏英俊的美男子，如今看起來，你已經是精疲力竭頭髮花白稀疏的小老頭了。

我很想和你分享我最近看過的三部紀錄片，我從這三部紀錄片中似乎找到了生命中的最後答案。一部是曾經轟動香港，足足上映八個月的《音樂人生》，是一個音樂神童和他爸爸之間的故事。另一部是義大利的紀錄片《和我做朋友》（How I Am Wie Ich Bin），兩個年輕美麗的義大利女導演記錄一個自閉症少年的內心世界，全片幾乎沒有對白，只用派崔克自己打字的內容作爲內心獨白，全片如詩如畫到讓人彷彿成了派崔克，明白他無能爲力的無奈和憂傷，也和他一起體驗到屬於他的和別人不同步的，如同被大雪覆蓋的寂靜世界。我看完後失眠一整夜。

最近，我又看到一部林正盛花了很長時間跟拍三個母親和三個亞斯伯格症孩子之間的互動，還穿插一個自閉症畫家李柏毅的故事紀錄片《一閃一閃亮晶晶》。在美國出生的李柏毅被鑑定有繪畫天分，媽媽力排眾議，在他十七歲時帶他回台灣學習國語和台語，師範大學美術系給了他一間畫室畫圖，他平日在外公開的明星咖啡廳打工。這部影片的主題曲是李柏毅彈唱的〈小星星〉，正好是我們媽媽生前掛在床頭的音樂熊唱的歌。大姊每次來看媽媽時，就拉一下音樂熊，讓熊熊哼著〈小星星〉的旋律。

當我聽著李柏毅彈唱著這首歌時，眼淚流個不停。媽媽離開我們快滿一年了，富陽生態公園的螢火蟲又出現了。去年還推著媽媽去看螢火蟲，一星期後她就走了。最近我常常在夜裡走進生態公園去看螢火蟲，總是會想到我們那個平日非常沉默，可是到了夜晚就不停的說故事的媽媽。她的記憶力好到幾乎像是整捲已經錄好的錄音帶，但是卻不能表達太多的情緒，我曾經懷疑她有點自閉症的傾向。

在《音樂人生》中，十七歲就已經當上樂團指揮的黃家正，不斷的和十一歲的自己對話，十一歲的黃家正當時贏得香港校際音樂節的大獎，去捷克和當地的樂團合作貝多芬的鋼琴協奏曲；十一歲的他在當時就相當固執己見，展現一種想掌控全局的企圖心，到了十七歲時簡直成了神。黃家正的爸爸是個事業成功又懂音樂的醫生，典型香港的上流階層，可是黃家正卻毫不留情的嚴厲批判他爸爸沒有人性，對孩子只談音樂比賽和足球，滿腦子功利只想要「贏」別人，最後又背叛了媽媽。在大人嚴密掌控和殷殷期待下長大的孩子，眞的會複製這樣的掌控慾，讓人生充滿著焦慮和不安。你我不都是這樣長大的嗎？總是揮之不去的一種恐懼和憂傷。

《和我做朋友》裡的派崔克這樣寫著他和別人不一樣的心情：「痛苦形塑自我。」「我可以想像在島嶼的某個角落當我準備要進入人生的競技場時有人開始種樹。」「我怕外在太多的刺激和干擾。我怕別人批判的眼神。」「人們總是愛分析，人們不允許別人和自己不同。」「不要同情我，但是我需要被理解。」最後有一幕是派崔克的爸爸和派崔克騎著協力車，很吃力的爬著坡，派崔克失神的忘了繼續踩踏板，弓著背的爸爸說：「你能幫忙我嗎？」天啊，弟弟，我能不想到你嗎？

雖然有點晚了，還是要說一聲：生日快樂。

大哥

暗夜相逢

認識張作驥這個人是從他的背影開始。

那是一個傾盆大雨的午後，他披著一件墨綠色的軍用雨衣，騎著摩托車呼嘯的衝進到我們的五月工作室外面走廊。我看不到他的臉，因爲被雨帽遮住了。印象中那個魁梧的背影和俐落的身手，配上了落不停的雨的氣氛，很像後來楊德昌拍的《牯嶺街少年殺人事件》中本省掛幫派藉著雨夜，穿著雨衣帶著武士刀去殺外省掛的那一幕。有點恐怖暴力的氣息。

正在五月工作室籌拍由黃春明小說改編的《兩個油漆匠》的虞戡平導演告訴我說，這個人是他的副導演，剛結束侯孝賢的《悲情城市》來這裡報到。一九八九，天安門事件發生的那一年，李登輝上台，台灣也進入國事如麻的亂局。虞戡平導演借了我們公司拍他個人「最後一部」劇情片，金馬影帝孫越也宣布這是他人生「最後一部」電影。對中壯代的電影人而言，彷彿是繁華落盡酒店要打烊了。偏偏當時還有許多熱愛電影的年輕學子眼見「台灣新電影」興起，紛紛投考影劇科系，張作驥便是其中之一。可是當這批熱血青年畢業想踏入這個行業時，迎接他們的卻是電影工業大蕭條的黑暗時代。張作驥去跟《悲情城市》時還是助導，在複雜混亂的人事更迭中，侯孝賢拉拔他升上副導，他成了當時少數能跟到最後一個鏡頭才離開的工作人員。

有天深夜，我散步經過中正紀念堂附近，隱約間看到一個穿著家居服的漢子醉眼迷濛的坐在路邊的鐵椅上，溫柔的撫摸著一隻忠心陪伴在身旁的狼犬。那是一個悶熱到令人快要窒息的夏夜，悶的不只是天氣，當然還有心情。我和那個醉漢對望了一眼，我們彼此都有點尷尬，因爲我認出他來。六年前，我見過他穿著雨衣騎著摩托車魁梧的背影，雖然當時沒有看到他的臉，但是卻可以感覺一股蓄勢待發的氣勢。只不過才六年的時光，我在黑暗中看到了他醉紅的臉，我不忍駐足，匆匆離去。

十六年後，五十歲的張作驥已經完成了他人生的六部電影，得了一堆的大獎，越挫越勇，成了第十一屆國家文藝獎電影類最年輕的得主。我們聊起十六年前那一次的暗夜相逢。他笑著說，他當時有認出我來，那時，他正在拍他眞正的第一部電影《忠仔》，一切都不順利。一九九五閏八月，傳說中共要攻打台灣，台灣就快要完蛋的那一年，從此，他的這條電影路走得非常坎坷痛苦。

那天我去探訪張作驥，去看他最新完成的電影作品，吃了一頓他親手燒給員工們吃的大鍋飯式的晚餐。離開工作室時才發現外面下著好大的雨，密密的雨絲如箭矢般射下，景美新橋附近的景色有點迷濛昏亂。我又想起了很久很久以前，那個下雨的午後，穿著墨綠色軍用雨衣的魁梧的背影。那個大漢猛轉臉，他的心理時間到了。雨滴緩緩落下，慢鏡頭，當雨滴落在地上時，時間如夢般二十二年飛逝。大漢拔刀望著前方，前方茫茫空無一物。停格。音樂聲起，字幕上。又是一部電影作品的完成。

躺下來聊天

我作了一個很長很長的夢，夢境比現實生活還眞實。

我依約來到了一個房間，中年的女醫生帶著口罩引導我躺下來。雖然看不到對方的嘴角，但是就只要那雙眼睛便知道她正在仁慈的笑著。這是我第一次接受這樣的心理治療，帶著一點點好奇和懷疑，我想，人生總有些新鮮的事情要嘗嘗。

在接受治療前，女醫生向我解釋這種治療的方式說：「沒有任何藥物。你就是要說話，說什麼都可以。但是有個條件，不管多痛苦，你一定要誠實的面對眞實的自己。如果你不坦白，我就無法從你的話語中得到訊息。」

「要說什麼呢？我過去就常常演講，我已經說太多話了。」我帶點諷刺和酸味的說，「能說的我都說了，所以，我不知道還要說什麼？」

女醫生在口罩後面說話，我可以感覺到她的暖氣吐在口罩上：「我知道你在課堂上或是各種演講都已經說了太多了，但那都是你願意公開說的，是經過修飾的。我要的不

是這些。我要的是你沒說出來的，藏在心裡最深層的，或是連你自己都不知道或不敢面對的。」

我繼續挑釁著：「那我爲什麼要告訴妳？現在不但要告訴妳我的秘密，還要付費？」

「或許我會讓你好過些。」女醫生靜靜的說著，我很自然的躺在一張躺椅上了。

「我想到了我妹妹。」我還沒等女醫生坐下，就自動啓動了嘴巴：「每次她來我家把東西一放，就躺在我家客廳裡一張長長的沙發上，把腳抬起來，很愉快的對我說，來吧，我們躺下來聊天。不過她現在早已經成仙了。有人看到她走的時候，有個仙人飄上天空，後來，也請了一個通靈的人來看，他對我說，你妹妹已經到達彼岸了，一切都很好，還是像個俠女那樣，瀟瀟灑灑的。她說，唯一不放心的是她那個寶貝女兒。妹妹走的時候我都沒哭，可是當我聽到通靈的人說，妹妹已經到達彼岸時，媽的，我眼淚忽然用噴的。彼岸。彼岸。每個人都會要到彼岸的。我妹妹好像很嚮往彼岸，急急忙忙的跑去了。媽的，她的女兒還很小呢，怎麼辦？我八歲的時候也曾經想去彼岸，因爲我對人生感到迷惘。我們兄妹感情很好，小時候她被鄰居的小孩打了一巴掌，我他媽的就用石頭把對方敲出了一個大包，好大的一個包。我媽要打自己的孩子給鄰居看，就拿一根棍子要教訓我，我就逃走了。結果我媽就打妹妹出氣，我妹妹好哀。我很氣，逮到機會再用石頭敲了那個傢伙的頭一下，讓他頭上的包成雙成對。我眞的很愛我的妹妹，但是她在成仙之前卻哭著對我說，我是這世界上給她最大壓力的人之一！另一個人是我爸爸。」

女醫生靜靜的聽著，口罩始終都沒拿下來。果然是一個演說家，躺下來就沒有停過。夢境中出現一個在荒漠中早已銹蝕的水龍頭，髒髒的水流個不停，髒水被荒漠的沙子吸盡後，有墨綠色的苔蘚植物趴在地上，好像有點生命的跡象。女醫生說她想要在荒漠中尋找有點生命跡象的東西，然後讓它慢慢長大。

我在痛苦的夢境中轉醒，發現枕頭上已經有了淚痕。

再好好愛我一下吧

一整天都心神不寧。其實這樣的不安已經跟著我足足快九個月了，大概是不習慣恢復朝九晚五的上班日子吧。自從進入這樣的工作循環後，早已疏於和親朋好友連絡。

這晚我留下來參加一個很特別的晚宴，在一家氣氛不錯的義大利餐廳，長長的餐桌中央放了一盆粉紅色，音樂是義大利歌劇，輕輕的唱著渾厚的聲音。席間每個人都說要感謝我這個才來不到九個月的夥伴，並且向我舉杯，在她們的口中，我似乎是一個成功的領導者。帶著一絲絲醉意踏上歸途，接近家門時從房間的亮光覺得很不尋常。兒子的第一句話就是：「小姑姑在道場昏倒，送到馬偕醫院急診室去，媽媽和妹妹都趕去醫院了。」忽然間我所有心神不寧都得到了解釋，我知道，一切都提前發生了。三寶，我唯一的妹妹終於作出了世間最重要的決定，她要先走了。

搭上往淡水的最後一班捷運，車廂內的人還不少，都是歸心似箭的人吧？一臉疲容或閉眼或斜臥，人生百態全寫在這些人的模樣和姿態中，疲倦是他們共同的描述。我想，我的妹妹，小平，一定也是太疲倦了吧。記憶中只要她踏進我們家的大門，不久之後就要找一個舒適的地方躺下，通常就是那一張橫的靠牆的沙發，一手撐著臉頰，翹起腳說：「這樣好幸福呀。」她說她不喜歡和我說話，因爲我是一個能征善戰的鬥士，她卻愛好和平。她說她總是帶著煩惱和憂傷走進來，離開的時候卻是信心滿滿，覺得人生充滿希望。

就在她忽然倒下的前一個星期，她忽然在電話中對著我號啕大哭，說她一定要告訴我她最心底的話，她說：「在這世界上有兩個男人是我最大的壓力，一個是爸爸，另一個，就是你。」在她的哭訴中，我並沒有一絲怨怪，只是鼓勵她盡量說出來，而內心卻眞的開始自責起來：爲什麼？爲什麼？爲什麼我自以爲最愛這個唯一的妹妹，可是她卻感受不到？我會想到童年的種種，她和弟弟像是我的小跟班，跟著我玩由我獨創的遊戲。我帶著她去龍山寺擠在人群中猜燈謎，我把她架在自己的肩膀上，要她拚命舉手，我們總是贏得不少獎品歡天喜地的回家。她上了大學後，我陪她參加運動會的長跑，她在跑道上奔跑著，我在內圈的草地上陪她跑。她總是笑吟吟的向別人介紹我說：「這是我的大哥，小野。」我一直以爲我是她的驕傲。我也一直以爲，我給她足夠的支撐力量，給她愛，就像我把她架在自己的肩膀上，讓她站在更高處。

當她對著我痛哭失聲的那一刻，我才知道這些都不是她眞正想要的。她哭得聲嘶力竭對我說：「我不喜歡像你一樣和別人競爭，我只想要在自己小小的世界中和平的生存著，和自己所愛的人和事相處。你鼓勵我要做這做那，對我而言，都是不快樂的，都是壓力。你是一粒壓不扁的銅豌豆，但我不是，我是豌豆筴裡最普通的豆子。」在駛往淡水的最後一班捷運中，我把微醉而沉重的頭顱埋在雙手中，腦子裡全是三妹曾經對我說過的話。她總是說，她沒有被愛夠，她總是說，她不記得童年被誰擁抱過，她總是訴說著她人生的遺憾。而我的回答也總是說：「有啦，妳有被愛啦，妳只是忘記了。」

我終於在竹圍站下了車。在加護病房外面見到了妹夫，他又重新說一遍妹妹走進道場前的一些行爲舉止和言談。人總是這樣的，生者總是想努力捕捉逝者生前最後的隻字片語。妹夫很不經意的說了一句話，卻深深刺痛了我：「小平去道場時很快樂，一路上還嘻嘻哈哈的，下車的時候，還對我說，謝謝你啦。後來，她又忽然回頭多說了一句話，她說：『哎！再好好愛我一下吧。』」

或許，這才是她最後的遺言。

坐在隔壁的三毛

三毛就坐在我隔壁。她裹在禮服下的身體繃得很緊，整個人正處於亢奮和緊張狀態，她是這屆金馬獎頒獎典禮中的焦點之一，另一個焦點人物是林青霞，她們都是因爲電影《滾滾紅塵》被提名。

第二十七屆金馬獎最熱門的電影就是提名十二項的《滾滾紅塵》，評審團內部傳出一種極不尋常的氣氛，我的朋友導演柯一正在最後關頭宣布退出評審團，他很神秘的打了一通電話給我說他要去看場電影避避風頭，他說他要退出評審團。我的另一個朋友吳念眞正好也入圍了最佳原著劇本獎，所以他和三毛是處於競爭狀態，但是事前他就說他要去香港寫劇本，臨走前還很瀟灑的丟下一句話給我說：「如果不幸是我得獎，你就代替我上去領獎。記得上台，要說好笑一點的笑話。」

對三毛而言，這是她創作生涯中第一次爲電影寫劇本，可是對吳念眞和我而言，我們已經離開工作八、九年的中央電影公司，我們各自都已經得過金馬獎最佳編劇獎，在心情上是大大的不同。我和三毛是第一次碰面，有點喜悅也有點尷尬，記得她說她非常喜歡我寫的親子散文，她還強調是「眞的喜歡」，不是客套話。雖然三毛是我的前輩，但在這樣的場合我可算是前輩老大哥了。於是鼓勵、安慰她說：「千萬別在意得獎這件事。金馬獎多少有點嘉年華會的目的，熱鬧一陣就沒了。而且電影這個行業又比文學複雜多了，你寫得好是一回事，要得獎是運氣加上天氣。歡迎妳和我一樣，從文學界踏到電影界，記得，千萬別介意結果。反正來日方長，妳這時候開始當編劇，眞好。人生的歷練比較多。」總之，我說了一大堆自以為是的話，也許三毛越聽越緊張。

輪到頒發編劇獎時，台上先宣布了我的名字，我眞是幸運兒，我衝上台領了我的「最佳改編劇本獎」。我胡亂的說了一些不怎麼高明的笑話，還吵醒了坐在第一排正中央正在打瞌睡的行政院長。我前腳才剛跨到後台，又聽到下一個原著劇本的得獎人是吳念眞，於是我又轉身回到台上替他領了獎，我說了一個吳念眞前世今生的笑話，說他前世是夜間工作的酒家女，伺候的是酒客。今生的工作也是夜間工作，伺候的是導演和觀眾。台下爆出了狂笑聲，我匆匆下了台。

就像過去許許多多的經驗一樣，我匆匆離開頒獎典禮會場，邊走邊扯下領帶脫了西裝，其實我一點也不喜歡這樣虛榮華麗的場合。我不會想要去參加慶功宴或是其他相關的活動，我快步走在冬夜冷冷的廣場，那一瞬間，我完全忘了三毛是落榜者，更沒去想她會不會很傷心？我似乎只在意自己上台時說的話好不好笑？我習慣取悅群眾，也習慣以自我爲中心來面對世界。

二十天後，驚傳三毛在榮總的廁所內以絲襪自縊而亡。我當時看到新聞後呆愣許久。是和沒有得獎有關係嗎？我忽然想，也許我應該更體貼一些，在替吳念眞領獎時開個玩笑說其實三毛寫得比較好之類的，反正吳念眞也習慣我的玩笑。總之，我竟然爲自己的疏忽有點內疚和自責，直到幾年後我遇到一個和三毛有點像的女孩。那個女孩捧了一束花送給我，說是要替三毛送給我的。那個女孩說她是三毛生前的摯友，三毛曾經告訴她那次金馬獎頒獎典禮的過程，說我是如何如何溫柔的安慰她，穩定她原本忐忑不安的心情。三毛要她記得替她送一束花給我表達感謝。

「這些花都是三毛生前最喜歡的。」那個女孩解釋著。我不是一個浪漫的男人，有時還理性的近乎冷血，可是那一刻，我眞的濕了眼眶。

投籃機的啓示

我沒玩過投籃機。應該說，我沒玩過的東西實在太多了，連保齡球都是因爲是去美國讀書時校園裡面有這樣東西才會摸到。

投籃機也是因爲去運動中心游泳時，看到幾台投籃機放在那兒有點好奇想試一試。我對於任何沒有生產效能的東西都不感興趣，但是對於「分數」很敏感。投籃機有「分數」，更重要的是，我從來無法突破最基本的五〇分，這對我而言簡直是非常致命的打擊。生產效率和分數排名是我被套在腦袋上的金箍咒，我得想出個方法來。

我看到一個大約十歲、戴著眼鏡的小胖哥，在投籃機前面輕鬆的單手投籃，不要說五〇分，他很快就過了五〇〇分，臉不紅氣不喘的還怪自己投壞了。我實在覺得很慚愧，於是決定向他請教。小胖哥很有耐心的教我如何將左手的球放在右手，然後單手投球，他說：「這是基本動作。」我心裡想，我當然知道這是基本動作，想當年我在大學時代的籃球賽時，只要有我上場，對方總會派兩個人來盯我，因爲只要過了半場我就會出手，通常都是三分空心球。說得誇張點，其實我就是「神射手」。可是「神射手」遇上近距離的投籃機一點用都沒有，投空心球也是兩分，更重要的是我還常常投不進。

我從小胖哥那裡沒有找到任何答案，於是轉向一對老夫妻請教。這對老夫妻像是一對感情不錯的退休族夫妻，他們相約來這裡游泳和運動，老先生總是要在投籃機前玩一下，秀給老太太看看後才離開，他每次都可以輕鬆過六〇〇分，我決定厚著臉皮向他請教。他看到我起初有點謙虛，後來就告訴我說，這沒什麼大道理，就是專心一直投，他終於說到一個重點：「球沒進不要慌，繼續投。很多人只要有一球沒進就開始亂了手腳。其實很簡單，比你在電視台工作簡單多了。你沒在華視上班啦？現在有空啦？我們還常常看華視呢。」「是。是。」我拿起袋子轉身離開，覺得有點尷尬。

老先生的提醒讓我可以輕鬆的突破一五〇。我終於知道自己最大的弱點就是恐懼「失敗」，對自己極度缺乏信心。於是我開始將「投籃」和「人生」結合在一起思考，明明是一件用身體和感覺的事情，我又習慣性的啓動了腦袋，當然，這也是我的致命傷。我不斷告訴自己說：「投籃的時候不要緊盯著一分一秒減少的計時器，那就像是每個人必經的死亡過程，越看越慌，也會越緊張。記得要活在當下的每一瞬間，眼睛只要看著前方的球框，專注著自己的身體和感覺，將球投出去。不要看顯示器上剩下的時間，更不要看分數。那就是我最應該學習的生命態度。」果然，用大腦並沒有幫助我再突破更高的分數，直到我遇到一個中年婦人。

我看著這個中年婦人用最不標準又很難看的倒馬桶姿勢將球往上丟，每一球都先打板才進，有些球只是撞到籃框並沒進去，卻得了三分。我瞬間想通了，這只是靠感應得分的機器，不是籃球場上的籃球架。我懂了。從此我也用打板得分的方式，很輕鬆的可以投到五五〇分以上，當然我的姿勢比那婦人好看些。

原來那只是一個遊戲罷了，認眞不得，這才是對我最大的啓示。千萬不要把原本可以很快樂的事情變成了壓力和痛苦！當全身肌肉和心情放輕鬆後，我也很輕易在每一次都過了五五〇分。

輯

如何獲得幸福？

「其實，老李，你在初中得到許多老師滿滿的愛，你很幸福，我一直很羨慕你。」

是啊，雖然曾經有老師羞辱過我，但是疼愛我的老師更多，他們簡直將我當「稀世珍寶」一般的疼愛，我怎麼只記得那些不算什麼的羞辱呢。

幸福的784／999

華江毓秀氣象萬千

我的初中同學老李就坐我的旁邊。冬日陽光暖暖的映在他抖擻的臉上，說要退休說了好多年，現在還是在那家也是我的初中同學老杜的高科技公司擔任副總裁。

「沒辦法。老杜就是不肯放人。」老李說著，口氣中有一種被信任的欣慰，我就順口說：「現在能完全託付的人越來越少啦，老同學有默契。他不會讓你退休的。」

我們在讀萬華初中時就是坐在前後，一起讀書打籃球串門子的死黨，畢業後卻各自走了一條完全不同的人生道路，再相逢時，人生中所有重要的情節都快演完了，似乎就只差一個結局。我對老李說，來唱一段萬華初中的校歌吧，記憶力驚人的老李毫無困難的就和我大聲合唱了起來：「玉峰巍巍。綠竹猗猗。華江毓秀。氣象萬千。文風丕起學府……」華江只不過是一條日治時代挖的排水溝吧？溝水又臭又黑，我們就叫它黑龍江，怎麼會毓秀？又如何氣象萬千呢？

「老李呀，你還記得當年我們考高中聯考時的每一科分數嗎？」老李也叫我老李，他又提起了那次失敗的高中聯考；我搖搖頭說，那種痛苦最好忘記吧，偏偏他卻如數家珍的說出班上每科的平均分數和他自己的分數，還有我的分數，還很沉重的嘆了一口氣說：「唉，老李啊，當年，我們兩個人都太不爭氣啊。」這一聲長長的嘆息重現四十多年前的那一幕，爸爸跪下來對著我哭著說：「兒子，一切都完蛋了啊！」我驚訝的望著眼前的老同學，難道當年他所受的屈辱比我還深？他曾經說他老爸從前是建中橄欖球隊的，也是台大的校友，是個頗有成就的人。我淡淡的說：「可是，你和我現在都很好，不是嗎？」

老李說他曾經去算過命，算命先生將他的生辰八字用電腦排出來後，就問了他三個問題，其中一個就是問他考高中時失利對不對？後來算命的告訴他明年還會在事業上更上層樓。「結果第二年我就升到了副總裁。然後就這樣，又過了二十年。」其實這個話題他說過不只一、兩次了，在他生命中曾經的「失敗」和「成功」都已深深烙印在內心深處，構成他生命中最大的意義。「我們這個世代的男人都是工作狂。如果從生命中抽掉了工作，整個人就變空空的殼子了。對嗎？」我作了結論，老李哈哈大笑，笑得咳起來，整個臉都紅了。

我望著這個初中時代最要好的同學老李，想著那些當年穿著白色上衣藍色短褲戴著

船形帽的少年們，就算是他們留了八字鬍或白了少年頭，我都會有一種錯覺，他們都只是「化妝」成事業有成的中年人而已，這只是一場「化妝舞會」而已，他們也都是只有十四歲的少年。

從星巴克到廁所的路

中午時間我們四個人從民生東路和敦化北路口的一家牛排館走了出來，留著漂亮八字鬍的老杜和博仔各自上了有司機駕駛的轎車離開，留下了老李和我。

「難得有太陽，我想沿著敦化北路散散步。」我對老李說，他跟著我往前走：「那我就陪你走一段路，我也想曬曬太陽，整天坐在辦公室挺累人的。」於是我們兩個初中坐在前後的老同學，便在陽光下散步。老杜和博仔也是我們初中同班三年的同學，雖然相約說是要開會，其實更像是初中的小型同學會，談得全是如何保健養生和運動。博仔說他常常騎越野單車，只要發現體重超過標準，立刻用禁食法來快速恢復標準體重，老杜相信生物學中的「用進廢退」理論，除了定期做詳細的健康檢查外，非常有耐心的用意志力克服身體的病痛，就像他面對自己的大企業一樣。老杜和博仔都是相當有紀律的人，從讀書時都是這樣。

「找間咖啡館坐坐吧？難得我們可以這樣聚聚。」老李問我意見，我指著前方的星巴克說：「好啊。」在狹窄的咖啡廳找到位子後，我想上個廁所，從星巴克的側門出去後是一個非常明亮的世界，原來這是一家百貨公司的角落，地板亮得將天花板的燈都映在上面，走過化妝品區後就全是女鞋區了。我小心翼翼的走著，怕滑倒也怕迷路。或許是這個初中同學們的會面讓我腦子裡跳出這樣的句子：「人生短短的，就像從星巴克走到廁所的路一樣，往往我們還沒搞清楚身在何處，就走完了。」

「老李，你知道我們兩人高中聯考為什麼考壞嗎？」也叫老李的老同學又說起這個他最難忘的話題了：「因爲啊，我們沒有參加總複習加強班。我們兩人相約去老松國小對面的晨曦圖書館靠自己讀，我們年紀還小，不知道抓重點。那些平時成績不如我們的去了總複習班後，都上了建中或附中。」

「我考壞是因爲我沒參加數學補習，被數學老師羞辱後，乾脆常常請公假，拒絕上課。」我解釋著，但老李還是堅持他的看法：「不對！最後一次模擬考你還上了建中，我也考得不錯，還是因爲我們沒去參加總複習班！老杜常常對員工說，工作時的五個步驟：思考、系統、結構、整理、分析。這和考試前的讀書是一樣的道理。」

老李一陣沉思後，忽然說：「其實啊，我在初二時沒和你同班。每班的22、34、46、58號都要調去十四班。我的信心就是去了那班才建立的，原來我們十一班人才濟濟，輪不到我。我去了十四班還當了副班長，也代表班上參加全校作文比賽。題目是我的父親，我只寫了三張，結果你寫了十三張。其實啊，老李，你在初中得到許多老師滿滿的愛，你很幸福，我一直很羨慕你。」

老李的話像當頭棒喝打了下來。是啊，雖然曾經有老師羞辱過我，但是疼愛我的老師更多啊，他們簡直將我當「稀世珍寶」一般的疼愛，我怎麼只記得那些不算什麼的羞辱呢。

痛苦之後的偉大作品

我收到一封來自美國的電子郵件，發信的人是個女作家。她這封信是發給她讀光仁中學時代的同班同學，順便也寄一份給我，讓我分享她和朱永成老師師生四天三夜一生難求的相聚時光。她說老師的書架上還放著我的第一本書《蛹之生》和她的第一本書《愛別離》。

她在信中描述朱老師和師丈親自去洛杉磯機場接她，朱老師比從前還要瘦，聲音也很微弱，連走路都有點吃力。朱老師的作息變得緩慢，飯食也很清淡，她們師生倆想把人生所經歷的故事都講一遍，她們談起每位同學的美好和命運的奇妙。離開朱老師家時，她還向師丈討了兩顆花園中的橘子回去作紀念。當時老師還在睡覺，她在黑暗中離開時覺得這樣很好，因爲「告別最傷人」。

朱老師從師大國文系第一名畢業後被分發到萬華初中。她第一次走進我們教室時很緊張，聲音還顫抖著，她對我說：「班長，點名簿呢？」台下的小男生們都偷偷的笑起來，一個剛畢業的年輕女老師很好欺負的。我得了全校作文比賽第一名後，朱老師買了幾本課外書送我當獎品。她在羅曼羅蘭寫的《貝多芬傳》上寫了一段話，大意是說，我是個幸福的孩子，沒有經歷過痛苦是寫不出偉大的作品，她要我讀讀貝多芬的痛苦人生。她也引導我看李敖寫的《傳統下的獨白》，要我學習有「獨力思考」和「批判力」，爸爸爲此事非常生氣，說老師竟然灌輸有毒的思想給學生。有一天，朱老師笑著對我說：「你笑起來有兩個酒窩，眞可愛。」她是世界上第一個發現我有酒窩，並且說我「很可愛」的人。

我高中聯考失敗，考上成功高中夜間部後，只有朱老師寫信來鼓勵我。我永遠記得信封上的地址是「台北縣板橋鎮埔墘里光仁中學」，那時候她已經被挖角去了光仁中學。朱老師的信都寫得很厚，字也非常豪邁有力，她寫說，在光仁教了那麼多才華洋溢的學生，有的作文能力也非常好的，但我還是她心目中「最好的」。當時完全對自己失去信心，變得非常自卑的我，捧著信號啕大哭，淚水浸透了老師厚厚的信紙。

每到了農曆大年初二，朱老師就會邀請我們班的幾個男生和光仁中學的幾個女生去她家吃中餐，然後到西門町排長龍買票看〇〇七的賀歲片。我的同班同學全都是建中的，我是唯一的例外，光仁中學的女生們個個時髦清秀漂亮，發出這封信的女作家便是其中一位。我考上了師大生物系後，第一通電話就打給朱老師，她說讀生物很好啊，能繼續寫作更好。讀到大二的時候，我開始用「小野」的筆名在副刊發表文章，已經去美國留學的朱老師還打電話到報社，詢問文章作者的本名，她從文章中判斷可能是我。

我決定放棄在紐約讀博士的獎學金回台灣前，特別轉去洛杉磯見了朱老師一面，她找了一個會開車的朋友一起來接我。她說她在美國還是用過去的方式生活，也沒學會開車，爲了找工作方便，她已經改行從事電腦工作了。我告訴朱老師說我決定回台灣重新開始各種創作，雖然前途未卜，但是踏上歸鄉之路不會再回頭。朱老師笑著說：「那就加油啊，我會爲你祈禱。這本來就是你該走的路啊！」許多年之後，我們又連絡上了，她在信上告訴我說，她托朋友在台灣買了一本我的《蛹之生》三十週年精裝限量典藏紀念版，她還強調她的那本編號是784／999。她說，所以她算是這世界上999個想保留我的限量精裝版的人之一。

不管走到天涯海角，不管經過多少歲月，她還是像當年那個才剛剛走出師範大學校園的年輕老師，緊張的盯著十四歲的我說：「班長，點名簿呢？」而我的人生，當然也經歷了少年時期尚未體驗過的痛苦，寫了不少書和劇本，只是偉大的作品呢，或許還是要再等一等吧。

這樣大家都方便

有一天，二姊告訴我說：「媽媽願意成爲基督徒了，受洗那天你願意來參加嗎？」我先是愣了一下，然後追問說：「媽媽是在什麼情況下提出來的？」二姊說：「牧師來探訪她時她就說，我們一家都是基督徒，這樣比較方便。」

「方便？她指的是，有一天大家可以在天國相聚嗎？那我們的老爸呢？她不想跟老爸一起嗎？還有妹妹呢？妹妹是佛教徒啊。」沒有任何宗教信仰的我，半信半疑的問著。在我的認知中，媽媽是很虔誠的佛教徒，在她的房間供奉著幾尊木雕佛像和觀音像，在她還能靠自己行動時，都會隨時在佛像前更換鮮花水果，初一十五還會吃素，睡覺前也都藉著聽佛教誦經的音樂才能安心入睡。

大姊解釋說：「同一個屋簷下有三種不同的宗教信仰，有點麻煩吧？」她指的是每天照顧媽媽的印傭阿緹信奉的是回教，嚴守著回教戒律。所以媽媽決定改信基督教，因爲，她願意給大家方便。

牧師帶領著許多教會的朋友來到二姊家，牧師的兩個孩子一個拉小提琴，一個彈吉他，很隆重的爲媽媽正式受洗，讓媽媽成爲基督徒。大姊趴在媽媽的耳畔說：「把妳的一切交給主耶穌，祂會給妳的，永遠比妳向祂索求的還多。」大姊笑嘻嘻的告訴我說：「我就是這樣在她耳畔說，說久了她就願意接受了。媽，妳說對不對呀？」媽媽終於很幸福的笑起來說：「兩個女兒天天都趴在我的床邊禱告，要上帝保守我，給我一顆喜樂的心。我這段日子都仰賴兩個女兒照顧，她們很希望我能得救，所以，我就決定也當基督徒好了，這樣，大家都方便。」

我陪伴媽媽時，常常聽到媽媽在昏沉中喃喃的唸著：「阿彌陀佛。阿彌陀佛。」她醒來時，我問她說：「妳已經是基督徒了，爲什麼當心裡不安時，還是會唸阿彌陀佛呢？」她笑咪咪的說：「都喊了一輩子了，太習慣了。其實信仰都是一樣的。大家方便就好。」媽媽就要二姊將神壇上的佛像全都收藏起來，她想全心全意的成爲和兩個女兒一樣的基督徒。她願意成爲基督徒，是眞心感受到兩個姊姊對她的照顧和愛，而她在最後關頭，願意放棄自己一輩子的信仰，改信兩個女兒的信仰，也是出於對女兒的愛。

媽媽的愛很特別，她對孩子們完全信任，從不懷疑也不囉嗦，默默的替孩子們做牛做馬從無怨言，到了晚年更是一個最好的傾聽者。童年的記憶中，家裡常常有單身的朋友和同鄉來家吃晚飯，媽媽就會先透支買菜的錢，去店裡切雞肉、牛肉和一些滷菜回家當配酒的菜，媽媽是個慷慨又大方的女主人，她非常愛朋友。媽媽躺在床上時最常對我說的話是：「我是一個很平庸的人，我從來不覺得自己比別人更聰明，所以我從來不會去批評別人，或是去勉強別人和自己一樣，更不會去爲難別人。每個人都有一套本領和方法存活在這個世界上，我們怎麼知道自己的比別人的好呢？我從來不會怨天尤人，因爲我覺得自己是世界上最幸福的人。」

《聖經》上有一段話最適合拿來形容媽媽，那就是：「似乎憂愁，卻是常常快樂的；似乎貧窮，卻是叫許多人富足的；似乎一無所有，卻是樣樣都有的。」

媽媽的腳底按摩

原本每天早上都會去爬福州山的媽媽，衰老的過程是漸進的。從不能再爬山到連走路都走不動、靠坐輪椅來行動，然後大部分的時間都要躺著，最後，連說話都很吃力了。爲了要讓躺在床上的媽媽能多說一些話，我每次替她做腳底按摩時都故意問她一些問題。

「妳的五個孩子中誰最高？」我問她，她輕輕的說：「阿肥。」

「那你最愛誰？」

「都愛。」

「那誰最乖？」

「都乖。」

「那誰最疼愛妳？」

媽媽忽然笑起來說：「你以爲我是癡呆呀？我只是很累不想說話。別再問了。」

靜默了一陣子，我繼續替媽媽做腳底按摩，然後慢慢按到小腿，媽媽痛得吱吱叫。媽媽的這雙腿啊，從小時候逃離家鄉開始，然後跑遍福建沿海去工作，又跑來台灣這個海島，又馬不停蹄的趴趴走，終於，跑不動了。媽媽不相信她從此就跑不動了，所以想盡辦法接受各種治療，包括按摩。或許是按摩奏效了，她忽然話多了起來。

「你們都說我最愛小兒子阿肥，爸爸最愛小女兒三寶，其實不是這樣的。」她睜大了眼睛認眞的說，「都是自己的孩子嘛，我都愛，只是每個孩子都不一樣，有強有弱，父母總是想多照顧弱的，也會希望強的可以幫忙照顧弱的，畢竟孩子們太多啦。」

「是啊，我知道，妳連每天要分給五個孩子的番茄大小和數量都會想很久，怕孩子怪妳不公平。」我嘴裡這樣說，心裡卻想著：「其實愛哪個孩子比較多已經不那麼重要了，每個人長大後都要爲自己的未來負責。問這些，只是想向媽媽撒撒嬌罷了。」

我曾經對兒子說抱歉，覺得自己當初不夠愛他。他卻很釋懷的拍著我肩膀說：「別內疚了，你給我的夠多了，我不能再要了。未來是自己要負責的。」

「我們的爸媽對待男孩和女孩很不一樣，簡直就像是重女輕男。爸爸對三個女兒都很溫柔，可是對待兒子，尤其是大兒子覺得要磨練，所以特別的冷漠和嚴苛，他覺得這樣才會像個男子漢大丈夫。」大姊聊到她記憶中父母的教養時，自認爲她自己可是三千寵愛在一身，反而爲我這個「大兒子」感到不平：「其實啊，我覺得這是很不對的觀念，小孩子一定要感受到父母的愛，沒有感受到，就是不對。不管是男生或女生都一

樣。」

我想起自己在大專生成功嶺受訓時，別人的父母都急著上山來探望兒子，我的父母卻說：「男孩子就是要磨練，沒什麼好看的。希望你要堅強。」於是我就在那次成功嶺的懇親大會上當招待，我似乎也沒有任何不滿和失落。我想父母親沒來，我也樂得輕鬆。但是過了一個星期後，爸爸和媽媽忽然帶著牛肉乾上山來看我，他們說怕我很寂寞。當時我有感受到他們內心的矛盾。那天夜裡，我就找了幾個同班同學躲在樹林裡偷吃著牛肉乾，那時候的牛肉乾很貴，對我們窮孩子而言，好像是稀世珍品。我嚼著嚼著忽然淚流滿面，我對同學說：「牛肉乾實在太辣了。」

我努力的替媽媽做腳底按摩。其實我們這一代的人比上一代的人幸福多了，我們實在沒有什麼理由要不斷對他們索討更多的愛。好好愛他們吧，他們才是沒有眞正享受過童年甚至青少年幸福的一代。

我們得好好的疼愛他們。

兩個姊姊在樹上

穀雨，天氣晴朗。天堂角落那條步道沿途的鳶尾花還沒開，螢火蟲也還沒來。我起晚了，準時到山腳下練拉筋功和毛巾功的兩組人馬已經解散，我順著步道拾級而上，或許會遇到兩個姊姊。

最近常常有人在夜晚來到這裡打聽螢火蟲的消息，荒野協會也在路邊放置了會發出微弱紅光的貼紙，希望夜晚來到這裡的民眾不要用強光打擾了螢火蟲。如果夜裡剛好經過這兒，我也會像夢遊的人一般獨自走進只有聲音沒有光的黑暗森林中，看看螢火蟲來了沒有。偶爾有光，有時很亮，是月光。這兒有蛇出沒，我卻沒有一點恐懼。

公園路燈管理處沿著步道旁立了幾個簡單的牌子，大意是說步道有些地方損毀了，已經編列修護預算，在尚未修護前請民眾要小心。不久之後就有民眾在牌子上寫著：「謝謝。但請不要用水泥和鐵條。」我望著這句話微笑，這樣的觀念快成爲大多數人的價值了。黃武雄老師在發起「千里步道運動」時，就指出「台灣鄉野三害」是「水銀燈、紐澤西護欄、除草劑」，其他會破壞自然生態的就是水泥和鋼鐵之類的設計材料。最近「千里步道」的志工們在金山的兩湖荒地用就地取材，完全用人工的方式開闢「手作步道」。從這觀點看「天堂角落」的步道並沒有「損毀」的問題，那些如階梯般的樹根和原來的木質階梯被人不斷的踩踏後，維持了原始樣貌，形成自然步道。

我很快就走到了山頂，木質涼亭內沒有人，月桃花和流蘇花依舊盛開。兩天前我發現飽雨水的月桃花的花瓣尖端的水滴很美，於是用隨身帶的智慧型手機拍下月桃花瓣的水滴，這是我第一次拍攝這樣微觀的東西。我繼續往福州山的方向走去，遠遠的兩個女人躺在樹叢裡的樹幹上聊天，沒錯，是她們，我的兩個已經退休很久的姊姊，只有她們會幹這樣有點滑稽的事情。我趕忙掏出手機悄悄的從背後接近她們，然後連續拍照。我偷聽到在樹上的兩個姊姊談的話題，她們很憂心當她們老了以後，沒力氣去萬里的山上給祖母、爸爸、媽媽和妹妹掃墓。「等我們老得走不動再說吧。」大姊幽幽的說，然後就發現了我，兩個姊姊都笑了起來，好像看到一個八歲的弟弟頑皮的躲在她們後面玩躲貓貓。

八歲那年，我闖了一個禍後，還在大雜院廣場和鄰居小孩打彈珠，忽然看到兩個姊姊旋風似的衝向我，要我快逃：「媽媽拿著棍子說要打死你。」我本能的收了彈珠，飛快的逃走，穿過鐵道躲進了植物園。媽媽很少打罵孩子，所以她想打我還打不到。從小兩個姊姊很會管我，但也會保護我。小學時代二姊曾經為了教訓一個欺負我的高年級男生，帶人勇闖男生班，直接給了那個男生兩記耳光，嚇得所有男生都不敢出面解危。二姊還指著那個男生說：「你敢再欺負我弟弟，試試看。」在後來一路成長的過程，兩個姊姊一直很疼愛我。在我剛剛開始投稿發表文章時，二姊還會假裝讀者寫信去報社表示我的文章受到歡迎，我的作品出版了，兩個姊姊就分頭去書店「搶購」，這些事情都是很久很久後，她們不經意說出來的。

整座山頭很靜很靜，大冠鷲的叫聲從山谷間傳來，大琉璃鳳蝶正輕輕踩在杜鵑花叢間，相思樹和水同木交纏在一起，卻各自開出一片茂密的樹蔭，像是同一棵樹，這樣的感覺，好像是我們兄弟姊妹們從小一起成長的關係。我坐在相思樹和水同木的樹蔭底下仰望天空，大冠鷲優雅的順著山谷間的氣流滑翔著，那姿勢就好像我們姊弟此時此刻的人生階段。

你到底在哪裡？

兩個姊姊和媽媽都住在山腳下，她們常常召喚我去爬她們家旁邊的那座山，因爲各種忙碌或偷懶的藉口，讓我已經和山無緣很久了。最近因爲想多陪陪媽媽的緣故，終於可以和姊姊們一起爬山了。

那天清晨，我們約好三個人一起去爬山，我出門時二姊還在睡覺，我一個人先去山腳下和大姊會合。大姊性子很急，沒有耐心等別人，她下達指令說：「我們先往上爬，反正只有這條路……小彬動作很慢，我們不要等她了，反正她自己會跟上來。」金色的陽光透過葉子灑在山路上，大姊撐起了傘，我立刻接過了傘想替她服務（有事弟弟服其勞），沒想到她快步走在我前面，根本忘了我手中還有她的傘。大姊是個急驚風，凡事一馬當先，她老是說二姊是慢郎中，讓她等得不耐煩：「所以啊，我們姊妹不能一起爬山。約來約去的，煩！」我的手機響了，是二姊，口氣果然不好：「爲什麼不等我？」

「想讓妳多睡一下嘛。大姊說妳自己會跟上來。」我有些心虛的回答，兩個人都是姊姊，我在夾縫中很難討好。

「你告訴她說，我們在兩座山交界處的涼亭等她。」大姊說完繼續前進。我就照著大姊的指令回答二姊。

我們來到兩座山頂的交界處，這裡有三座木製涼亭，我正要上去涼亭等二姊時，大姊繼續往另一座山頭繼續走：「她眞的很慢，來來來，姊姊帶你去看櫻花樹。走吧。等我們繞一圈再回頭等她，都還來得急。我不騙你。」我還來不及說「不」，大姊就拉著我往前走，傘還是在我手上，她走在前面繼續曬著太陽，渾然沒有察覺。

「冬天哪來的櫻花？」我看著那些黑色的枯枝問。

「當然沒有。我是說，帶你來看櫻花樹。又沒有說看櫻花。」她邊說邊擤著鼻子，過敏的體質讓她容易煩躁。

我的手機又響了，還是二姊，有點生氣了：「我到涼亭很久了，你們到底在哪裡？」

我呑呑吐吐的回答說：「大姊說，妳很慢，所以，我們就繼續往下走。那我們現在就回頭去涼亭找妳。」

「我很慢？好，我很慢！」二姊生氣的掛了電話。當我和大姊又回到山頂的涼亭時，二姊不見了，這回輪到我打手機給她：「我們已經又回到涼亭了，怎麼沒看到妳？」

「你們不是說要往下走回頭來找我？所以我又回頭下山去了。山腳下也有個涼亭。」二姊氣急敗壞的說。

一個美好的清晨，我就夾在兩個姊姊之間在山上打著轉。大姊常常說起她和二姊同時在中山女高就讀的日子：「我每次下課後去找她一起回家，她都慢吞吞的，都說她還沒讀完那些書，要我再等她五分鐘。我說那我先走了，她就生我的氣。我就只好等。等了起碼半小時，還不肯走。我一氣就不理她了！」

二姊的記憶卻不是這樣的：「大姊永遠慌慌張張的，每次都要別人快一點，她自己都慢慢的。難得早到一次，就一直催一直催，像催魂一樣！走路也一樣，一個人走在前面，不知道在急什麼。」原來她們倆從少女時代就是這樣的姊妹關係了。

我們就在這樣的情況下爬完了山。我們在山裡面的對話就是：「你到底在哪裡？」在茫茫人海中，尋找著自己的手足，那眞是一種幸福。

畫美麗的臉給有緣人看

我出生在一個女人都不化妝的公務員家庭。更誇張的說，我爸和我媽兩人結婚時都留著西裝頭、穿著深色的中山裝，如果不是因爲個子高矮勉強可分辨出來新郎新娘的話，看照片還會誤以爲是最前衛的同性婚禮呢。

從不化妝打扮的媽媽當然會影響她的三個女兒，所以我從小就是在這樣一個非常樸素的素顏之家長大的。我並不太喜歡濃粧豔抹的女人，甚是還會心存畏懼，會覺得太重視外表的人一定缺乏內涵。這樣的偏見就是從小養成的。所以當我要面對一個以替新娘化彩妝爲職業的新娘秘書貝兒時，我的內心非常忐忑不安，不知道要從何問起談起。後來我告訴自己說，就很誠實的讓對方知道自己眞實的感覺吧，或許就是因爲這樣的大反差，反而會讓彼此的對話產生很有趣的內容。

於是一開始我向貝兒坦承，我無法想像女人是如何戴假睫毛的，如果不小心掉在身上落在手上，那不是很像一隻毛毛蟲或是黑色蜈蚣嗎？我也向貝兒坦承，我無法理解女人爲什麼要在自己小小的手指甲和腳趾甲上彩繪？我曾經試著用女生的指甲上有沒有彩繪，來判斷她認不認識我？因爲那代表距離很遙遠的不同世代。貝兒沒有被我這些帶有點挑釁的話激怒，反而讓我們的對話越來越深入到人的信心和價值的問題，也深入到許多人對展現自我時的壓抑和自卑。這些話題我比較拿手了，因爲我學過心理學，也對這方面的議題深感興趣。貝兒說起她在從前的工作場合，也是從來不化妝的，她是電腦資訊管理的工程師。不過她當時對自己的一切，包括長相，都缺乏信心。

我和貝兒面對面談話時，有足夠時間和理由欣賞著她的臉蛋。我仔細的端詳著她是如何爲自己化妝的？一個天天都在替新娘化彩妝的人，是如何看待自己的？我想起窮畢生之力，想畫一張最美的仕女的臉的爸爸。自從爸爸娶了一個個性像男人的媽媽後，就不斷在畫紙畫著一個個溫柔、婉約、優雅、嬌媚的古代仕女圖。他收集了許多古今畫仕女的名家作品來研究，他研究最多的是季康。季康的仕女畫得大氣流暢，眉宇和衣著總有一種行雲流水般開放自由的風韻；爸爸的仕女永遠畫得拘謹而保守，是爸爸的畫筆綑綁了筆下的每一個仕女嗎？還是爸爸只想畫一張最美的仕女的臉就好？

貝兒談了很多台灣女人爲什麼對婚禮中自己的模樣那麼看中的原因，是因爲在平常不能那麼盡興的將自己變美麗。她也談了很多她如何從自己的改變，到很想幫助其他的女人改變，然後，她就流下了眼淚。我想起後來爸爸改畫觀音，觀音的臉可以很慈祥平靜，爸爸越畫越好。到了晚年，他終於畫出一張他自認爲是世界上最美麗的女人臉的觀音像，我替他印了三千張；每次我們在台北近郊爬山時遇到大小寺廟，就將觀音像放幾張送給有緣人，讓喜歡的爬山客帶回家。

「最美麗的臉，就是要給這個世界上和自己有緣分的人欣賞的？對不對？」當時我對爸爸這樣說的，爸爸似乎對我這句話感到滿意。我一直在想，貝兒爲什麼會在談到這些事情時會哭？會不會當她在替新娘化彩妝時，總是在別人的臉上看到了自己？那個原本非常沒有自信的自己？

當一個女人在鏡中看到一個美麗的自己時，是不是一種幸福呢？

如夏之春

台灣的春天越來越模糊了。春天正好過了一半，天氣忽然從原本的寒冷直接跳到如夏天般的炎熱，冬天裡的這把火點燃了螢火蟲的光，「螢火蟲守護天使」通知大家說：「螢火蟲終於出現了。」

我決定找出夏天才會穿的白色短袖襯衫，配一條深藍色牛仔褲，然後套一件很薄的麻、棉各半的休閒西服。我取出那件有點皺的休閒西服慢慢的燙著，電熨斗的蒸氣燻得我滿頭大汗。我決定用手提著這套花了我不少時間燙平的休閒西服，搭著捷運去頒獎會場，我把掛西服的架子套在捷運的拉環上，這個畫面有點幽默，我打算今天就這樣從頭搞笑到底。到了捷運忠孝復興站，我戴著口罩提著西服，搭著三層樓高的電扶梯，緩緩往下走。左手邊平行的電扶梯也載著乘客緩緩往上爬。就在那種人和人交會的瞬間，有個穿著輕鬆T恤燙著捲髮的帥哥忽然眼睛一亮，對著我大喊一聲：「總經理！」他的聲音很大，立刻引起四周乘客的側目，他是我在華視任職時親自面試錄取的業務部員工。

我帶著一種歡愉的心情，讓電扶梯繼續帶著我往下走，一如我有過許多驚喜的人生，此刻也正緩緩向下沉潛著。

到了頒獎會場，我很快的和工作人員排練了一遍，我拿著麥克風說了些在正式頒獎時不會說的笑話。我穿上那件花了很多時間才燙得很平整，一路辛苦提著搭捷運來到現場的休閒西服，愉快的晃到了會場入口。負責替貴賓戴花的接待小姐看到我，笑咪咪的說：「等一下，等你換上了『正式』禮服後，我也會替你戴上一朵漂亮的花。」於是我穿著「不能被戴上花」的休閒西服站在入口迎賓，我的手上已經有一份得獎名單，眼看著一個個走進會場的入圍者，心裡難免會替對方高興，或是替對方感到惋惜。

這像是一齣已經寫好劇本的舞台劇，等著有人上台笑或是哭，還有那些沒有被叫到名字的人難掩失望的眼神，那會讓我想到周杰倫的一首新歌〈超人不會飛〉的歌詞：「結果最後是別人得獎，你也要給予充分的掌聲與微笑。」一場短短頒獎典禮，就像是漫長人生的小縮影，人生劇本往往不在我們手上。第一個樂團的表演開始了，歌名是〈我想你會變成這樣都是我害的〉，我思考著要如何運用這首歌的歌名來說點笑話。但是我卻有點迷惘了。為什麼我總是急著要炒熱整個場子？不管這個場子是大或是小？從小到大我不是被選爲班長，就是當上康樂股長，當全班搭乘遊覽車出遊時，我總是那個拿著麥克風講笑話逗樂大家的人。

一直到現在大學同學會，當全場氣氛有點冷時，就會有女生起鬨，要我上台說笑話。高中時我帶著全班同學去旅行，我邀請相當自卑的班導師坐在遊覽車小姐後面，遊覽車小姐難免會開老師的玩笑，要他唱歌什麼的，胖老師的臉從頭到尾都漲得像豬肝一樣暗紅，我只顧自己一路說著笑話唱著歌。幾天後，老師藉故當眾痛毆我一頓，並且揚言要開除我這個整他的壞學生。

「幽默是一種很難能可貴的氣質，你要好好善用這個特質。但是記得也要留給自己一些喘息的空間，不必急著去討好或取悅身邊的每一個人，因爲不是每個人都能和你一樣幸運，能和你同樣感受到這個世界的幸福和美好。」這是一個出版界老前輩給我的忠告。我常常用這番話提醒自己，幽默是天生的，不要爲了取悅別人反而造成自己太大的壓力，往往會弄巧成拙。

流浪者阿默

我匆匆穿了衣服套上鞋子，快步走去附近一家小小的麥當勞，趕赴一場對我而言有點「特別」的約會。

我要去見的是一個和我通信時才十七歲的少年，此時此刻他已經是一個流浪到遠方的三十五歲男人了。「是該碰個面了。」我們不約而同的在信上這樣寫著，趁著他從澳洲回來時決定了我們第一次的見面。過去曾經做過的許多事情早已走進歷史，我已經習慣那些曾經寫過的書或參與過的風潮都要用「三十週年紀念」或是「回顧展」這樣的字眼。我被「時間」這頭怪獸催逼著，過去的記憶越來越長，未來的時間卻越來越短，那種「長日將盡」的感覺忽然強烈的撲向了我，那些對自己生命有意義的事情，該要有個「句點」或是「回頭一瞥」了。

少年阿默接觸到我寫的書是上個世紀九十年代初，那是親子散文系列的第一本書《給要流浪的孩子》，他說剛開始只是被那本書的封面吸引，那是尚未成名前的幾米所畫的封面。阿默是個喜歡美術和攝影的少年，他對我寫過的書或是拍過的電影並不熟悉，那本書只是他意外的邂逅。他寫了一封很長的信給我，用很大張的紙寫著信，於是我也回了他一封信，從此他似乎被我們這樣書信往返的方式深深吸引著。一個住在被石化工業污染的窮鄉僻壤，資源匱乏的少年，對外面世界充滿了好奇和嚮往，我收到他寄來的繪畫和攝影作品，也收到一顆薄薄扁扁的種子。我把種子埋在花盆裡，很快就長成了一棵大樹，原來是一棵印度紫檀。從少年的來信中可以感覺到，他有一種想遠離故鄉到遠方追尋獨立自我的夢，他的夢想就像那顆薄薄扁扁的種子那樣輕盈，最後終究長成了一棵大樹。

他很年輕時就流浪到了紐約，因爲看不懂英文在機場困了四小時，身上只帶著工作三個月賺到的薪水奇蹟式的生存了下來，後來又輾轉去了澳洲，用打工的方式生活，最後找到了一份穩定的工作。他反而成爲《給要流浪的孩子》那本書中的主角，成爲一個眞實的流浪者。我看到麥當勞旁邊那三隻我認識的流浪貓，我也看到了那個我從未謀面過的流浪者阿默。他背著一個裝著巨幅海報設計的大袋子對我揮手，瀟灑的露齒而笑。我見過這樣的流浪者，他們第一次見到我時眼睛都只看著牆壁。阿默還好，他看起來像個剛從南部北上要入學的大學新鮮人。我們交換了見面禮，他將自己畫的海報設計送給我，我將自己最新的小說集送給他。

阿默的作品叫做「再見」，一系列三張。第一張是一個坐在火車裡面將臉貼在火車車窗上的小孩，他有著一雙充滿順服和期盼的眼睛，可是眼神中卻帶著恐懼和不安，因爲他被自己的母親拋棄在車上，開始了一趟他無法選擇的旅程。第二張是一個坐在月台上背對著一輛火車的短髮老人，他垂頭喪氣的模樣，連臉上和脖子上的皺紋都像是在哭泣，他靜靜的坐在角落的模樣就像當年那個被媽媽遺棄的那個順從的小孩。此刻他想起了若干年後最後一次和媽媽的吻別。第三張是一個戴著帽子的老人，他依舊坐在月台上沒有靠背的凳子上，就像當年那個順服的少年。他望著緊閉的車門，只能透過門上的窗子看進去。瞬間他想起當年他那糊滿臉上也黏在車窗上的兩行熱淚。三張圖都是鵝黃、橘黃和暗綠色調，背景全是郵戳和用英文草寫的信函，這是流浪者阿默一直以來的風格。

流浪者在勇往直前追求完全獨立自主的生命背後，或許曾經有過被故鄉遺棄的悲傷絕望。而時間，就像那一去不復返的火車，只要搭上了車，就只能感覺到飛速向前奔馳的時間。人只有在漸漸老去時，才能讓自己坐在月台，看著飛逝的時間，彷彿自己已經在時間之外了。

難道這就是流浪者阿默要告訴我的，關於時間和他追尋幸福的秘密？

http://www.booklife.com.tw reader@mail.eurasian.com.tw

040

有些事，這些年我才懂——小野的人生思考

作　　者／小野
發 行 人／簡志忠
出 版 者／究竟出版社股份有限公司
地　　址／台北市南京東路四段50號6樓之1
電　　話／（02）2579-6600・2579-8800・2570-3939
傳　　真／（02）2579-0338・2577-3220・2570-3636
郵撥帳號／19423061　究竟出版社股份有限公司
總 編 輯／陳秋月
主　　編／連秋香
專案企畫／賴真真
責任編輯／連秋香
美術編輯／劉鳳剛
行銷企畫／吳幸芳・楊雅穎
印務統籌／林永潔
監　　印／高榮祥
校　　對／劉珈盈
排　　版／杜易蓉
經 銷 商／叩應股份有限公司
法律顧問／圓神出版事業機構法律顧問　蕭雄淋律師
印　　刷／龍岡數位印刷
2012年7月　初版
2022年2月　35刷

定價 290 元　ISBN 978-986-137-156-6

◎本書如有缺頁、破損、裝訂錯誤，請寄回本公司調換
Printed in Taiwan

想要停止思考卻停不下來的時候，
我們才了解，
思考根本就不是我們能「自由自在」掌控的事。

——小池龍之介《不思考的練習》

國家圖書館出版品預行編目資料

有些事，這些年我才懂：小野的人生思考 / 小野 著.
-- 初版. -- 臺北市：究竟，2012.07
248 面；14.8×20.8公分 --（第一本；40）

ISBN 978-986-137-156-6（平裝）

1. 人生哲學

191.9　　101009761